山东省
标准地名诠释

莱芜市卷

《山东省标准地名诠释》编纂委员会 编

山东城市出版传媒集团·济南出版社

《山东省标准地名诠释》

编纂委员会

主　　编　　冯建国

副 主 编　　于建波　　张子龙

编　　委　　（以姓氏笔画排序）

丁志强　　王为民　　王玉磊　　王晓迪　　付振民　　庄茂军

刘兴宝　　孙树光　　张西涛　　张屹卿　　张兴军　　张鲁宁

陈　芳　　陈效忠　　陈朝银　　陈德鸿　　徐希超　　徐帮杰

黄贤峰　　崔继泽

编辑部主任　　孙凤文

编辑部成员　　（以姓氏笔画排序）

马　瑞　　王书清　　王成明　　王红艳　　巩铁军　　刘　玲

李成尧　　杨　军　　张义勇　　张亚萍　　张光耀　　林　锋

赵文琛　　倪　语　　倪春雷　　高洪祥

前　言

地名是重要的基础地理信息和社会公共信息，与经济社会发展、人们日常生产生活息息相关。编纂出版《山东省标准地名诠释》是地名管理服务工作的一项基础工程，对进一步推行山东省地名标准化，推广普及地名知识，适应改革开放和高质量发展的需要，以及国家和社会治理、经济发展、文化建设、国防外交等方面具有重要的意义和作用。

2014年7月，国务院印发通知开展第二次全国地名普查。2015年，国务院地名普查办印发《第二次全国地名普查成果转化规划（2015—2020年）》（国地名普查办发〔2015〕6号），山东省地名普查办依此制定了《山东省第二次全国地名普查成果转化规划（2016—2020年）》（鲁地名普查办发〔2016〕4号），部署开展成果转化相关工作，其中包括组织编制出版标准地名图、录、典、志等出版物。编纂出版《山东省标准地名诠释》是贯彻落实"边普查、边应用"指示要求，及时发布并推动第二次全国地名普查成果社会应用的重要举措，也是落实规划目标任务的重要内容。

《山东省标准地名诠释》编纂委员会按照公开出版的要求，在全省第二次全国地名普查成果数据基础上，进行成果的整理挖掘（包括资料收集、数据考证等），编辑出版《山东省标准地名诠释》，并将本书定位为第二次全国地名普查重要的省级成果，是一部以"地名"为主题的省级标准地名工具书。

本书在资料整理和编辑加工的过程中力求做到内容权威、文字精练、编写精心、编辑独到、设计新颖，以期达到当前编辑出版水平的先进行列。在词目释义编写上，本书着力突出"三个重点"（即地名基本要素、地名文化属性、地名所指代地理实体性质与特征），具备四个特点（即广、新、准、实）。其中，"广"即收词广泛，应录尽录，要涵盖重要地名类别及其主要地名；"新"即资料新、信息新，要充分利用地名普查最新成果，反映全省各地地名的新情况、发展建设取得的新成就；"准"即实事求是、表述准确、考证严谨，要求词目释文中的资料、数据翔实有据，表述准确、规范，做到地名拼写准确无误、词条诠释准确无误；"实"即具有实用性。在采词、释文内容和词目编排上都力求符合读者需要，便于读者使用，使之有较高的实用和收藏价值。

　　本次《山东省标准地名诠释》编纂得到多方面的支持，全省各级地名主管部门的领导和地名工作者，不辞辛苦，埋头于本书所需资料的搜集、整理，根据《山东省标准地名诠释》的编写要求，认真组织撰稿，力求做到精益求精。在此，我们对为本书的编纂、出版工作提供了帮助和支持的所有单位、领导和工作人员，表示诚挚的感谢。编纂出版《山东省标准地名诠释》工作任务重、涉及内容多、标准要求高，限于我们的人员专业水准和时间等因素，书中难免存在错误或不足，恳请广大读者批评指正。

凡　例

一、《山东省标准地名诠释》采收山东省 17 市 137 县（市、区）范围内，包括乡镇以上行政区划名称、主要的居民点和自然实体及主要社会、经济设施等重要地名词条，按照行政区域划分和地名类别特点分列 18 卷。

二、采收地名分为六个大类：

1. 政区类：包括山东省政区建制镇、乡、街道及以上全部行政区划单位；国家和省正式批准的各类经济功能区（含开发区、高新区、工业区、保税区、科技园区、新区等）；1949—2014 年间曾经设立而现已废置的地区行署、县级和乡级行政区，特指被撤销建制、被合并或拆分不继续使用原专名的情况。另，城乡社区是社会治理的基本单元，故也收录了部分建有综合服务中心且统一开展基本公共服务的社区名称。

2. 居民点类：具有地标意义或文化意义的住宅区；镇、乡人民政府驻地居民点；经省级以上人民政府或有关部门批准的"历史文化名村""传统村落"；具有明显特点的非镇、乡驻地的居民点（如：文化底蕴浓厚、存续历史悠久、人口数量多、占地面积广、重要历史事件发生地、名人故里、重要少数民族聚居地、交通要口、物资集散地、土特产品产地等）等。

3. 交通运输类：包括城市道路与城镇街巷、铁路、公路、航道、桥梁、车站、港口、机场等。城市道路收录市辖区城区内的快速路、主干道、次干道，县和县级市驻地城区主干道，及其他具有突出特色的一般街巷；铁路收录公开运营的国有铁路（含高铁、干线、支线和专用线）和地方铁路；公路收录省级以上普通公路、高速公路；桥梁和立交桥只收录规模大、历史久、有特色的；隧道只收录 500 米以上的及其他有特色的；港口只收年吞吐量在 10 万吨以上的；码头、船闸只收录大型的、特别重要的；渡口只收录正在使用的重要渡口。

4. 自然地理实体类：包括平原、盆地、山地、丘陵、沼泽、洞穴、河流、峡谷、三角洲、湖泊、陆地岛屿、瀑布、泉、海、海湾、海峡、海洋岛屿、半岛、岬角等。其中河流主要收录长度在 30 千米及以上的，以及具有航运价值的人工水道；湖泊主要收录面积在 3 平方千米及以上的。

5.名胜古迹、纪念地和旅游地类：包括纪念地、重点文物保护单位、风景名胜区、重要景点和一般名胜古迹、自然保护区。其中纪念地收录市级及以上级别的；重点文物保护单位收录经过正式批准的市级（含）以上的；城市公园收录 AAA 级以上的；风景名胜区、自然保护区收录经过正式批准的国家和省级的词条。

6.农业和水利类：包括农场、牧场、林场、渔场、水利枢纽、水库、灌区、渠道、堤防（海塘）等。其中水库收录库容 0.5 亿立方米以上的，灌区收录 3 平方千米以上的。

三、词目排列按分市与分类相结合的原则。即先将全部词目按市大类划分，大类下面分亚类，亚类下面再分小类。在同一亚类或小类词目中，先排全市性的大条目，再按区、县、街道、镇、乡的顺序排出市内条目。各市跨区县的条目在市本级单独排列。

四、本地名诠释资料截止日期为 2014 年 12 月 31 日，所选地名主要来源于第二次全国地名普查成果，主要兼顾反映普查成果和普查期间地名的存量情况，其中少量地名为非标准地名，此类地名需标准化处理，不作为判定标准名称的依据。

五、按照词条释文编写规则，本书相关词条中所列人口数做了技术处理，均为约数，不作为人口统计的依据。

六、本地名诠释中地名罗马字母拼写，遵从《中国地名汉语拼音字母拼写规则（汉语地名部分）》的规定。一般地名的专名与通名分写。专名和通名中的修饰、限定成分，单音节的与其相关部分连写，双音节和多音节的与其相关部分分写；通名已专名化的，按专名处理；居民点中的村名均不区分专名和通名，各音节连写。

地名用字的读音以普通话法定读音为主，同时适当考虑地方读音，如"崖"我省部分地区的地名中读"yái"，标准读音为"yá"；"垓"我省部分地区的地名中读"hǎi"，标准读音为"gāi"；"国"我省部分地区的地名中读"guī"，标准读音为"guó"；"郝"我省部分地区的地名中读"hè"，标准读音为"hǎo"，等等。

七、在每卷卷首，均有本卷地名的词目表。为方便读者检索，在每卷卷末，设有本卷地名的汉语拼音音序索引。

莱芜市卷　目录

一　政区 1

莱芜市

莱芜市 1

莱芜 2

莱芜高新技术开发区 2

旧地名 3

莱芜县（旧） 3

莱城区

莱城区 3

山东莱城工业园区 3

莱芜雪野旅游区 4

莱芜农业高新技术产业示范区 4

凤城街道 4

张家洼街道 4

高庄街道 5

鹏泉街道 5

口镇 5

羊里镇 5

方下镇 6

牛泉镇 6

苗山镇 6

雪野镇 7

大王庄镇 7

寨里镇 7

杨庄镇 7

茶业口镇 8

和庄镇 8

旧地名 8

圣井乡（旧） 8

南冶镇（旧） 8

见马乡（旧） 8

常庄乡（旧） 8

腰关乡（旧） 8

鹿野乡（旧） 9

大槐树乡（旧） 9

上游镇（旧） 9

北孝义乡（旧） 9

社区 9

顺河社区 9

西关社区 9

北坦社区 9

东方红社区 9

东风社区 9

石家庄社区 10

东升社区 10

吴花园社区 10

小曹村社区 10

董花园社区 10

任花园社区 10

石花园社区 10

吕花园社区 10

孙花园社区 11

戴花园社区 11

孟花园社区 11

北埠社区 11

清馨园社区 ………………………11
芳馨园社区 ………………………11
万福园社区 ………………………11
官寺社区 …………………………12
新东方华庭社区 …………………12
南山子后社区 ……………………12
冯家坡社区 ………………………12
柳家店社区 ………………………12
徐家河社区 ………………………12
北山子后社区 ……………………12
李家泉社区 ………………………12
程故事社区 ………………………13
大故事社区 ………………………13
北姜庄社区 ………………………13
大桥社区 …………………………13
地理沟社区 ………………………13
冯家林社区 ………………………13
孙故事社区 ………………………14
小故事社区 ………………………14

钢城区

钢城区 ……………………………14
钢城经济开发区 …………………14
钢城区高新技术开发区 …………15
艾山街道 …………………………15
里辛街道 …………………………15
汶源街道 …………………………15
颜庄镇 ……………………………16
辛庄镇 ……………………………16
旧地名 ……………………………16
铁车乡（旧） ……………………16
寨子乡（旧） ……………………16
社区 ………………………………16
九龙家园社区 ……………………16
陈家庄社区 ………………………17
北城子坡社区 ……………………17

汶水山庄社区 ……………………17
桃花源社区 ………………………17
洪沟社区 …………………………17
验货台社区 ………………………17

二 居民点 ………………………18

莱城区

城市居民点 ………………………18
都市花园 …………………………18
吕花园小区 ………………………18
御花园 ……………………………18
清馨园小区 ………………………18
金莱广场小区 ……………………18
滨河花苑 …………………………18
晨晖花苑 …………………………19
东海花园 …………………………19
海地中航小区 ……………………19
锦桥花园 …………………………19
仁和花园 …………………………19
上海明珠花园 ……………………19
汶水南园 …………………………19
阳光花园 …………………………19
鲁中国际小区 ……………………20
农村居民点 ………………………20
南十里铺 …………………………20
北十里铺 …………………………20
叶家庄 ……………………………20
孟家庄 ……………………………20
张家洼 ……………………………20
御驾泉 ……………………………20
许家沟 ……………………………20
任家洼 ……………………………21
崔家庄 ……………………………21
东王善 ……………………………21
管家河 ……………………………21

吕家河 ………………………21
青杨行 ………………………21
大陡沟 ………………………21
黄崖头 ………………………21
大崮山 ………………………22
西邹 …………………………22
东邹 …………………………22
高庄 …………………………22
西汶南 ………………………22
坡草洼 ………………………22
任家庄 ………………………22
鄂庄 …………………………22
羊庄 …………………………23
东汶南 ………………………23
南十里河 ……………………23
曹家庄 ………………………23
劝礼 …………………………23
塔子 …………………………23
鲁家庄 ………………………23
团山 …………………………23
野店 …………………………24
南冶 …………………………24
安仙 …………………………24
刘家林 ………………………24
北张家庄 ……………………24
大山 …………………………24
大石家庄 ……………………24
东龙崮 ………………………24
东沈家庄 ……………………24
瓜皮岭 ………………………25
官厂 …………………………25
郭家沟 ………………………25
后宋 …………………………25
近崮 …………………………25
孔家庄 ………………………25

老鸦峪 ………………………25
马龙崮 ………………………25
磨山子 ………………………26
墨埠 …………………………26
南龙崮 ………………………26
前宋 …………………………26
秦家洼 ………………………26
小山 …………………………26
孝义楼 ………………………26
兴隆庄 ………………………26
中和 …………………………27
邹家埠 ………………………27
柳龙崮 ………………………27
口镇北街 ……………………27
官水河 ………………………27
江水 …………………………27
花水泉 ………………………27
港里 …………………………27
藕池 …………………………28
栖龙湾 ………………………28
青石桥 ………………………28
桃花 …………………………28
太平 …………………………28
田庄 …………………………28
王家楼 ………………………28
下水河 ………………………29
小冶 …………………………29
野槐峪 ………………………29
羊里 …………………………29
陈王石 ………………………29
城子县 ………………………29
戴庄 …………………………29
北傅家庄 ……………………29
郭王石 ………………………30
孟家洼 ………………………30

孟家中荣 …… 30
南魏庄 …… 30
北三官庙 …… 30
王王石 …… 30
辛兴东南 …… 30
辛兴西北 …… 30
辛兴西南 …… 31
仓上 …… 31
贾家洼子 …… 31
方下北街 …… 31
方下南街 …… 31
大辛庄 …… 31
安家台子 …… 31
陈家义 …… 32
方赵庄 …… 32
丰登官庄 …… 32
耿公清 …… 32
沟头 …… 32
谷家台子 …… 32
何家官庄 …… 32
卢家庄 …… 32
鲁西 …… 33
乔家义 …… 33
沈家岭 …… 33
东牛泉 …… 33
西牛泉 …… 33
南宫 …… 33
鹁鸽楼 …… 33
祥沟 …… 34
圣井 …… 34
吕家楼 …… 34
庞家庄 …… 34
八里沟 …… 34
大荒峪 …… 34
东五斗 …… 34

大庄 …… 34
双泉 …… 35
吴桥 …… 35
亓毛埠 …… 35
毕毛埠 …… 35
南苗山 …… 35
南文字 …… 35
常庄 …… 36
高塘 …… 36
磨石峪 …… 36
桃园 …… 36
西古德范 …… 36
铜山 …… 36
杓山前 …… 36
东见马 …… 36
陡峪 …… 37
东杓山 …… 37
漫道 …… 37
五色崖 …… 37
西见马 …… 37
大后坡 …… 37
大漫子 …… 37
上游 …… 38
娘娘庙 …… 38
东栾宫 …… 38
王老 …… 38
大厂 …… 38
吕祖泉 …… 38
南栾宫 …… 38
花峪 …… 38
小楼 …… 39
西站里 …… 39
雪野 …… 39
南白座 …… 39
北白座 …… 39

鹿野 …………………………… 39
房干 …………………………… 39
孤山 …………………………… 39
王石门 ………………………… 40
石屋子 ………………………… 40
高家庄 ………………………… 40
豆腐石 ………………………… 40
竹园子 ………………………… 40
苏家庄 ………………………… 40
造甲峪 ………………………… 40
里二十 ………………………… 40
程家庄 ………………………… 41
瓜屋子 ………………………… 41
黄路湾 ………………………… 41
龙亭峪 ………………………… 41
张家庄 ………………………… 41
照嘴 …………………………… 41
独路 …………………………… 41
寨里西村 ……………………… 41
刘大下 ………………………… 42
水北东街 ……………………… 42
水北西街 ……………………… 42
王大下 ………………………… 42
王围子 ………………………… 42
魏王许 ………………………… 42
吴家洼 ………………………… 42
小下 …………………………… 43
燕家汶 ………………………… 43
寨里东村 ……………………… 43
寨里南村 ……………………… 43
周家洼 ………………………… 43
大渔池 ………………………… 43
北庵 …………………………… 43
韩王许 ………………………… 44
杨庄 …………………………… 44

尹家庄 ………………………… 44
营房 …………………………… 44
张家泉 ………………………… 44
张里街 ………………………… 44
镇武庙 ………………………… 44
凤凰官庄 ……………………… 44
高家店 ………………………… 45
巩家庄 ………………………… 45
侯家洼 ………………………… 45
后郭庄 ………………………… 45
胡家宅 ………………………… 45
冷家庄 ………………………… 45
马村 …………………………… 45
梅家官庄 ……………………… 45
孟家官庄 ……………………… 46
前郭庄 ………………………… 46
上马家泉 ……………………… 46
茶业口 ………………………… 46
阁老 …………………………… 46
卧铺 …………………………… 46
李白杨 ………………………… 46
西圈 …………………………… 46
上茶业 ………………………… 47
上王庄 ………………………… 47
潘家崖 ………………………… 47
曼里 …………………………… 47
逯家岭 ………………………… 47
吉山 …………………………… 47
双山泉 ………………………… 47
东圈 …………………………… 47
史家崖 ………………………… 48
上宅科 ………………………… 48
北腰关 ………………………… 48
上迷马镇 ……………………… 48
南腰关 ………………………… 48

和庄 ……………………48
老姑峪 ……………………48
峨峪 ……………………48
下洼 ……………………49
普通 ……………………49
北麻峪 ……………………49
大英章 ……………………49
东车福 ……………………49
张家台 ……………………49
上佛羊 ……………………49
马杓湾 ……………………49
青石关 ……………………50
马家峪 ……………………50
官家 ……………………50
下佛羊 ……………………50
南麻峪 ……………………50

钢城区

城市居民点 ……………………50
永兴园 ……………………50
湖滨园 ……………………50
金域华府 ……………………51
金洪小区 ……………………51
御龙湾小区 ……………………51
金水花苑 ……………………51
农村居民点 ……………………51
古墩 ……………………51
清泥沟 ……………………51
寨子 ……………………51
肖马 ……………………51
卧龙港 ……………………52
大龙门 ……………………52
双杨桥 ……………………52
贤女庙 ……………………52
南朱家庄 ……………………52
棋山观 ……………………52

里辛 ……………………52
黄金篮 ……………………52
东田庄 ……………………53
双龙峪 ……………………53
黄崖 ……………………53
孙家岭 ……………………53
郑王庄 ……………………53
后朱山 ……………………53
东马泉 ……………………53
高家岭 ……………………54
黄家洼 ……………………54
焦家庄 ……………………54
杨家楼 ……………………54
圈里 ……………………54
石家岭 ……………………54
冯家庄 ……………………54
凤凰峪 ……………………54
黄庄一村 ……………………54
八大庄 ……………………55
尚家峪 ……………………55
幸福 ……………………55
仙人桥 ……………………55
上历山后 ……………………55
刘家庄 ……………………55
胡家桥 ……………………55
长胜 ……………………55
黄花峪 ……………………56
霞峰 ……………………56
东王家庄 ……………………56
桑家庄 ……………………56
青冶行 ……………………56
南通香峪 ……………………56
台子 ……………………56
颜庄 ……………………56
澜头 ……………………57

王家港 …………………………57
上北港 …………………………57
东红埠岭 ………………………57
状元沟 …………………………57
郭家台 …………………………57
南下冶 …………………………57
莲花池 …………………………58
东当峪 …………………………58
木头山 …………………………58
邱家屋 …………………………58
野虎沟 …………………………58
柳桥峪 …………………………58
唐家宅 …………………………58
辛庄 ……………………………58
杨家横 …………………………59
吕家峪 …………………………59
上三山 …………………………59
桑响泉 …………………………59
徐家店 …………………………59
上河 ……………………………59
蔡店 ……………………………59
侯家台 …………………………59
后城子 …………………………59
崖下 ……………………………60
大徐家庄 ………………………60
乔店 ……………………………60
后峪 ……………………………60
天井峪 …………………………60
南埠子 …………………………60
培峪 ……………………………60
大官庄 …………………………60
西铁车 …………………………61
桃科 ……………………………61
郎郡 ……………………………61
傅宅科 …………………………61

城岭 ……………………………61
石湾子 …………………………61
团圆坡 …………………………61

三　交通运输 …………………62
莱城区
城市道路 ………………………62
胜利南路 ………………………62
胜利北路 ………………………62
花园北路 ………………………62
花园南路 ………………………62
嬴牟西大街 ……………………62
汶河大道 ………………………63
鲁中西大街 ……………………63
鲁中东大街 ……………………63
凤城东大街 ……………………63
凤城西大街 ……………………63
龙潭西大街 ……………………63
龙潭东大街 ……………………64
长勺北路 ………………………64
长勺南路 ………………………64
文化南路 ………………………64
文化北路 ………………………64
莱城大道 ………………………64
苍龙泉大街 ……………………65
大桥路 …………………………65
凤凰路 …………………………65
汇源大街 ………………………65
鹏泉东大街 ……………………65
山财大街 ………………………65
原山路 …………………………66
汇河大道 ………………………66
车站 ……………………………66
莱芜东站 ………………………66
苗山站 …………………………66

常庄站 66
司家岭站 66
莱芜汽车总站 66

钢城区

城市道路 66
府前大街 66
钢都大街 67
永兴路 67
车站 67
钢城汽车站 67

四 自然地理实体 68

莱芜市

河流 68
牟汶河 68
赢汶河 68
盘龙河 68

莱城区

山 69
老虎岭 69
团山 69
仙人山 69
磨池岭 69
凤凰山 69
犁铧尖子 69
黑老婆寨 69
虎山 69
虫山 69
莲花山 69
云台山 70
笔架山 70
马咀山 70
蒙山坡子 70
南大顶子 70
轿马人佚山 70

吊鼓山 70
香山 70
曹操峪顶 70
马头崖 71
铜顶 71
阁老寨 71
大山 71
大舟山 71
鹿鸣山 71
夹岭 71
万福山 71
洞穴 71
朝阳洞 71
和尚洞 72
河流 72
方下河 72
泉 72
郭娘泉 72
水河泉 72
牛王泉 72

钢城区

山 72
棋山 72
旋崮 72
寄母山 72
九龙山 73
河流 73
颜庄河 73
辛庄河 73

五 名胜古迹、纪念地和旅游地 74

莱城区

纪念地 74
莱芜市战役纪念馆 74
汪洋台展览馆 74

吴伯箫故居 74

重点文物保护单位 74

　赢城遗址 74

　齐长城遗址莱芜段 75

　蔡家镇经幢 75

　汶阳遗址 75

　长勺之战遗址 75

风景名胜区 75

　莱芜雪野风景名胜区 75

重要景点和一般名胜古迹 76

　莲花山景区 76

　房干风景区 76

　龙山景区 76

　笔架山景区 76

　王石门景区 76

自然保护区 76

　华山国家森林公园 76

钢城区

重点文物保护单位 77

　莱芜战役指挥所 77

牟国故城遗址 77

　大字碑 77

自然保护区 77

　棋山国家森林公园 77

六　农业和水利 78

莱城区

林场 78

　马鞍山林场 78

　华山林场 78

水库 78

　雪野水库 78

钢城区

水库 78

　杨家横水库 78

灌区 79

　葫芦山水库灌区 79

　乔店水库灌区 79

词目拼音音序索引 80

一 政区

莱芜市

莱芜市 371200
[Láiwú Shì]

　　山东省辖地级市。北纬35°59′—36°33′，东经117°19′—117°58′。在省境中部。面积2 246平方千米。户籍人口129.8万，常住人口134.5万。以汉族为主，还有回、满、蒙古等民族。辖莱城、钢城2区。市人民政府驻莱城区。春秋为牟国及齐嬴邑、平州邑地。秦置嬴县，属济北郡。西汉增置牟县，又于牟县东北（今淄博市境内）置莱芜县。南朝宋废莱芜县。北齐废牟县，隋复置为牟城县，旋省入嬴县。唐贞观元年（627）废嬴县，武周长安四年（704）于北魏嬴县故城复置莱芜县，属兖州。宋属袭庆府。金徙今治，属泰安州。元、明因之。清属泰安府。1914年属济南道。1925年属泰安道。1928年直属省。1950年属泰安专区。1958年属济南市，1961年复属泰安专区，1983年撤县置市。1992年升为地级市。（资料来源：2014年版《莱芜市志》）地形为南缓北陡、向北突出的半圆形盆地。北、东、南三面环山，北部山脉为泰山余脉，南部为徂徕山余脉，西部开阔，中部为低缓起伏的泰莱平原。地势由东向西倾斜，北、东、南三面又向盆地中部倾斜，呈向西敞口的马蹄形状。平均海拔198米。气候属于暖温带半湿润季风气候，年均气温13℃，1月平均气温－2.3℃，7月平均气温26.2℃。年均降水量695.1毫米。年均无霜期202天。有牟汶河、嬴汶河等流经。有铁、煤、铜、金、花岗岩、石灰岩、白云岩等矿产资源。

有野生植物220种，其中国家重点保护野生植物有银杏、水杉等5种。有野生动物13种，其中国家重点保护野生动物有领角鸮、斑头鸺鹠、红脚隼等5种。有华山国家森林公园、棋山省级森林公园、云台山省级森林公园和华山林场、吉山林场、马鞍山林场、寄母山林场等4处国有林场。有国家新材料高新技术产业化基地、国家火炬粉末冶金特色产业基地等14家国家、省级区域创新平台，有粉末冶金、新型建筑、生姜、不锈钢等省级工程技术研究中心24家，院士工作站17家，山东省粉末冶金企业重点实验室等省级重点实验室2家，山东省中乌铁素体不锈钢板带关键技术合作研究中心等国际科技合作平台3家，生姜、桃、地方猪等主业技术创新战略联盟6家。高等院校3个，中小学186个，图书馆2个，博物馆1个，档案馆1个，知名文艺团体1个，体育场馆3个，三级以上医院3个。有齐长城遗址莱芜段、嬴城遗址等国家级文物保护单位4个，古冶铜遗址、小北冶冶铁遗址、雪蓑大字碑、历山抗战旧址等省级文物保护单位16个。有国家级爱国主义教育基地1个、省级爱国主义教育基地6个，莱芜梆子、锡雕等国家级非物质文化遗产4个，花鼓锣子、木偶戏等省级非物质文化遗产12个，风景名胜区、重要古迹、景点14个。三次产业比例为7.01∶65.31∶27.68。农业以特色种植业和畜牧业为主，有省级以上农业龙头企业 18 家，盛产生姜、大蒜、花椒、葱和蜜桃等农产品，畜牧业以饲养猪、羊、蛋鸡、肉鸡、奶牛、肉牛为主。工业以能源重工业为主，已经发展为以钢铁为主导的新兴工业城市，是山东钢铁生产和深加工基地、国家新材料产业化基地。服务业以餐饮、旅游为主。有国家级开发区 1 个、省级开发区 5 个。境内有铁路 95.9 千米，公路 4 200 千米，高速 140 千米。辛（店）泰（安）铁路与磁（窑）莱（芜）铁路在境内接轨，京沪高速、青兰高速、泰莱高速、滨莱高速、205 国道和省道台莱公路、枣徐公路等过境。

莱芜 371200-Z01
[Láiwú]

简称莱城。莱芜市聚落。在市境中部。面积 56 平方千米。人口 34.7 万。以汉族为主，还有回、满、蒙古等民族。莱芜县城初置于汉代，建于今淄川区城子庄。704 年，在今莱城区苗山镇南文字村置莱芜县，至 1172 年迁至莱芜故城（今莱城）后至今。1953 年对城区和旧有道路进行整修改造，先后建成城关路、长城路等街道。20 世纪 80 年代至 90 年代初期，逐步向北部和东部拓展，新建大桥路、文化路、胜利路等 49 条道路。1993 年后陆续对城区进行改扩建，特别是进入 21 世纪后，围绕四大河道治理和旧城改造，城区道路形成"六横六纵"主干路系统和沿河景观带。莱芜名称由来主要有三种说法：一是县名来自谷名说。因汉代在淄川莱芜谷设立县城，故名莱芜县。此说最为可信。二是莱民播流此谷说。《水经注》云："齐灵公灭莱，莱民播流此谷（莱芜谷），邑落荒芜，故曰莱芜。"《管子·轻重戊篇》曰："齐，莱夷之国也。"莱芜谷本来就位于齐国境内，莱族长期在此居住，不存在播流问题，故叶圭绶《续山东考古录》说："此地（指莱芜谷）本有莱民，非有流播。"汉末莱芜县令范史云明确指出"莱芜在齐，非鲁所得"。三是山名取目说。《水经注·淄水》条认为："泰、无、莱、柞，并山名也，郡县取目焉，汉高祖置。"（2014 年版《莱芜市志》）莱芜临牟汶河北岸而建，城内河流大多由北向南穿城而过注入牟汶河。有莱芜战役纪念馆、文化广场、市政府大楼、龙园广场等标志性建筑物。根据"打造钢铁基地，创建园林城市"的城市建设理念，塑造了"青山相拥、绿水相依、山水共生"的城市整体环境风貌，形成"四带六园，九指渗透，水抱莱城"的绿地系统，其中，四带指嘶马河防护绿带、莲河带状公园、孝义河防护绿带、大汶河防护绿带 4 条贯穿城区的滨水生态绿带，六园指红石公园、嘶马河公园、莲河公园、雅鹿山公园、玉龙湖湿地公园、凤凰岭公园 6 个综合公园，九指是依托城区九条泄洪沟所构建的带状滨水绿地公园。高新区为科技文化和现代化住宅区，驻有山财大学莱芜校区、莱芜职业技术学院、莱芜高级技工学校、莱芜一中、高新区实验中学及莱芜体育馆、图书馆、博物馆、剧院、文化中心、会展中心等，也集聚了新材料、新能源、电子信息、汽车配件等新型产业，是莱芜新的经济增长极。西部是老城区，为传统商业区和行政区，主要以餐饮服务业、金融和传统制造业为主。东、西大街和文化南、北路两侧为商业区，建有银座商城、信誉楼和官寺市场等大型商业设施。文化北路和龙潭东大街两侧为政府办公区。莱芜境内铁路、高速公路便捷，城区有发达的公交网络，可直达莱芜各地。

莱芜高新技术开发区 371200-E01
[Láiwú Gāoxīnjìshù Kāifāqū]

在莱芜市境中部。东起钢城区辛庄镇，西至莱城大桥路，南至牟汶河，北与苗山镇接壤。占地面积 9 749 公顷。以行政区划名称和园区功能性质命名。2002 年 9 月经省政府批准为省级高新技术产业开发区，由市级政府管理。有市文体中心、会展中心、高创中心等一批城市功能设施，发展电子信息、新材料、汽车制造及零部件、精密装备机械制造、新能源等五大产业集群。有注册企业 3 035 家，上市挂牌企业 4 家，省级以上高新技术企业 27 家，是全市高新技术产业发展的火车头、战略性新兴产业的聚集区和区域经济社会发展的重要增长极。区内主次干道纵横，有多条公交线路。

旧地名

莱芜县（旧） 371200–U01
[Láiwú Xiàn]

在山东省中部。西汉初设莱芜县。1983 年 8 月撤销，改设莱芜市（县级）。

莱城区

莱城区 371202
[Láichéng Qū]

莱芜市人民政府驻地。在市境西北部。面积 1 740 平方千米。人口 97.2 万。以汉族为主，还有回、满、蒙古等民族。辖 4 街道、11 镇。区人民政府驻凤城街道。1949 年后莱芜县委县政府驻口镇，1953 年县委县政府由口镇迁至莱城。1983 年莱芜县改为县级莱芜市，由泰安市代管。1992 年 11 月由县级市升格为地级市，设立莱城区。因区委、区政府驻莱城城区而得名。有牟汶河、嬴汶河等河流从区境穿过。区境内有莲花山、云台山、笔架山等。有中小学 185 所，图书馆 2 个，体育场馆 2 个，三级以上医院 3 个。

有国家级文物保护单位齐长城遗址、嬴城遗址，小北冶冶铁遗址、蔡家镇经幢等省级文物保护单位 13 个，国家级爱国主义教育基地莱芜战役纪念馆，省级爱国主义教育基地 4 个，莱芜梆子、锡雕等国家级非物质文化遗产 4 个，杨庄镇糖瓜制作技艺、羊里镇贾家洼村傀偏戏等省级非物质文化遗产 11 个，有"汶水西流""宫山夕照""苍峡雷鸣""仙人遗迹""二洞云连""龙潭星现"等特色景点，齐鲁大峡谷、房干生态旅游区、雪野风景区、华山国家森林公园等景区。历年来对城区道路，特别是凤城大街、鲁中大街、长勺北路等进行多次改扩建。2010 年至 2013 年，建成凤城西大街地下人防工程。有莱芜市政府大楼、银座商城、莱芜战役纪念馆等标志性建筑物。整个城区呈现东西发展走向，西部为老城区，聚集了传统商业街和医疗、教育等公共服务设施。东部为现代化新城，重点发展了新型住宅区、行政办公区和一批高新技术产业。三产比例为 11.6 : 46.3 : 42.1。农业以种植玉米、小麦等粮食作物为主，另有生姜、大蒜、大葱、花椒、蔬菜等作物，畜牧业以饲养猪、羊、蛋鸡、肉食鸡、奶牛、肉牛为主。工业以钢铁加工和产煤为主，有鄂庄煤矿、南冶煤矿、泰山钢铁集团公司、九羊集团有限公司等著名企业。服务业以商贸业为主，境内大型商城、酒店和各类商业网点、物流点相互交错。有莱芜汽车总站。有多条公交线路。

山东莱城工业园区 371202–E01
[Shāndōng Láichéng Gōngyè Yuánqū]

在莱城区境中部。东与苗山镇、张家洼街道相接，西与羊里镇相接，南与方下镇相接，北与雪野镇、茶业口镇相连。占地面积 15 000 公顷。因位于莱城区而得名。2006 年 3 月经山东省政府批准建立省级经济开发区，由区级政府管理。园区明确功能定位,科学制定园区发展规划,合理布局,集约用地,协调发展。以新能源、新医药、新材料、高端装备制造为四大主导产业,有山东阿尔普尔节能装备有限公司等企业31个。园区内道路纵横交错,通公交车。

莱芜雪野旅游区 371202-E02
[Láiwú Xuěyě Lǚyóuqū]

在莱城区境北部。东与淄博市博山区相交,西与泰安市岱岳区相连,南与寨里镇、羊里镇、口镇、苗山镇、和庄镇相连,北与济南市章丘区相接。占地面积58 760公顷。因位于雪野镇而得名。2006年11月经山东省政府批准建立省级开发区,由市级政府管理。坚持国际国内市场并举原则,开发建设适合市场需求的高中低档休闲、旅游、度假、产品建设项目,突出地方特色。有莱芜雪野旅游区蓝湾欢乐岛等企业15个。园区内道路纵横交错,通公交车。

莱芜农业高新技术产业示范区 371202-E03
[Láiwú Nóngyè Gāoxīnjìshùchǎnyè Shìfànqū]

在莱城区境西部。东与羊里镇、张家洼街道相连,西与泰安市岱岳区相接,南与牛泉镇相交,北与大王庄镇相接。占地面积19 470公顷。因地处平原,重点发展农业高新技术产业而得名。2008年11月经山东省政府批准建立省级开发区,由市级政府管理。科学编制发展规划,制定加快示范区发展的政策措施,按照省级高新技术产业开发区的模式理顺管理体制和运行机制。要坚持自主创新,大力发展现代农业,提升传统产业,为推进社会主义新农村建设提供科技支撑与示范,将其建设成为农业高新技术成果的转化基地、农业高新技术的辐射源和科技型涉农企业的发展基地。有山东豪驰智能汽车有限公司等企业12个。园区内道路纵横交错,通公交车。

凤城街道 371202-A01
[Fèngchéng Jiēdào]

莱城区人民政府驻地。在区境西部。面积27平方千米。人口19.3万。2000年设立。因莱芜古有凤凰城之传说而得名。2003年以来不断加强对城区道路的改扩建,特别是凤城大街、鲁中大街、长勺北路,均经过多次改扩建。2010年至2013年,建成凤城西大街地下人防工程。牟汶河从境内穿过。有中小学17所,知名文艺团体25个,医疗卫生机构47个。有国家级爱国主义教育基地莱芜战役纪念馆,国家级非物质文化遗产莱芜梆子、锡雕,省级非物质文化遗产传统干烘茶制作技艺,重要名胜古迹古八景之一"矿山呈瑞"。有莱芜战役纪念馆、文化广场等标志性建筑物,城区传统建筑和现代建筑交相辉映,现代化商业区、住宅区与传统民居相交叉。经济以电子、铸造、机械、服装加工业为主。农业以种植玉米、小麦为主。工业以电子、铸造、机械为主。服务业以软件、信息技术、教育培训为主。通公交车。

张家洼街道 371202-A02
[Zhāngjiāwā Jiēdào]

属莱城区管辖。在区境北部。面积54平方千米。人口5.1万。2000年设立。因驻地村张家洼而得名。2000年镇改街道后,以鲁中矿业有限公司厂区和生活区为中心向南、向东拓展。2013年改扩建长勺北路、胜利北路等道路。港里河、王善河、嘶马河和莲河从境内穿过。境内有大崮山、运粮山。有中小学11所,体育场馆1个,知名文艺团体4个,医疗卫生机构46个。有省级文物保护单位大芹村吕氏家族墓地。有胜利公园、莲河公园、雅鹿山公园等景点。经济以矿冶和电力等重工业为主,有鲁中冶金矿山公司、莱城发电厂、莱芜矿业有限公司等大中型国有企业。农业以种植小麦、玉米等为主。工业以重工业为主。服务业以教育培训为主。有莱芜东站，通公交车。

高庄街道 371202-A03
[Gāozhuāng Jiēdào]

属莱城区管辖。在区境南部。面积159平方千米。人口9.5万。2000年设立。因街道办事处驻高庄村而得名。20世纪80年代建成鄂牛路。牟汶河、莲花河、新甫河从境内穿过。有中小学9所，医疗卫生机构1个。有省级文物保护单位小北冶冶铁遗址，莲花山、苍龙峡等景点。有高庄街道办事处大楼和南冶煤矿办公大楼等标志性建筑物。城镇区沿鄂牛路展开，南靠莲花山区，北依牟汶河公园。经济以煤炭、化工、建筑建材等产业为主。农业以种植业为主，盛产柿子、花椒，形成生姜、蔬菜、林果和畜牧四大生产基地。工业以重工业为主，有华泰矿业、鄂庄煤矿等煤矿多处，以及华能莱芜电厂等大型企业。服务业以教育培训为主。通公交车。

鹏泉街道 371202-A04
[Péngquán Jiēdào]

属莱城区管辖。在区境东部。面积97平方千米。人口9.1万。2002年设立。因境内有鹏山泉而得名。2003年以来，形成"十纵十横"的道路网络，建设300余千米各类管线以及110千伏输变电站、热力站、水厂等一批基础设施。牟汶河、孝义河从境内穿过。有大学1所、中小学14所，文化馆、图书馆2个，体育场馆1个，知名文艺团体4个，医疗卫生机构57个。有省级文物保护单位汶阳遗址，省级非物质文化遗产锣鼓艺术（长勺鼓乐）、传统烟香食用油制作技艺，重要名胜古迹万福山景区。全街道区域与莱芜高新区范围重合，

已成为产业特色鲜明、基础设施完备、服务功能齐全、居住环境优雅的现代化新城区。经济以高新技术产业为主。农业以种植小麦、玉米等为主。工业以电子、铸造、机械制造业为主，有山东汇源果汁有限公司等著名企业。服务业以信息技术、教育培训为主。有莱芜汽车总站，通公交车。

口镇 371202-B01
[Kǒu Zhèn]

莱城区辖镇。在区境中部。面积138平方千米。人口9.8万。辖57村委会，有66自然村。镇人民政府驻口镇北街村。1949年为口镇区。1951年改称第二区。1958年改称口镇乡，同年改称口镇公社。1984年改称口镇办事处，1985年改称口镇至今。因镇人民政府驻口镇村而得名。汇河、方下河从境内穿过。有莱芜市第二高级中学等中小学9所，卫生院1个。有省级文物保护单位蔡家镇经幢，省级非物质文化遗产莱芜口镇南肠传统制作技艺。经济以工业、新兴技术产业为主。农业以种植小麦、玉米等为主。工业以铸造、机械、化工、肉食品加工为主，有百年老字号品牌、省级著名商标"顺香斋"。服务业以农村集市贸易为主。有京沪高速、省道台莱公路过境。

羊里镇 371202-B02
[Yánglǐ Zhèn]

莱城区辖镇。在区境西北部。面积71平方千米。人口6.3万。辖53村委会，有53自然村。镇人民政府驻羊里村。1949年为仪封区，1951年改称第三区，1955年复称仪封区，1958年改羊里乡，同年改称羊里公社。1960年撤销羊里公社。1964年恢复羊里公社。1984年改称羊里办事处，1985年改称羊里镇至今。因镇人民政府驻羊里而得名。嬴汶河从境内穿过。有中小

学4所,卫生院1个。有国家级文物保护单位嬴城遗址,省级非物质文化遗产木偶戏(贾家洼村傀偏戏),有大舟山景区。经济以工业为主。农业以种植业为主,盛产生姜、大蒜等,是莱芜市重要的粮、菜生产基地及莱芜生姜、大蒜主产区,农副产品加工业发达。工业以冶金、焦炭化工、铸锻、机械加工为主。服务业以旅游业为主,有九羊度假村等景区。有公路经此。

方下镇 371202–B03

[Fāngxià Zhèn]

莱城区辖镇。在区境西部。面积68平方千米。人口5.6万。辖53村委会,有55自然村。镇人民政府驻方下北街村。1949年为鲁西区。1951年改称第四区。1955年复称鲁西区。1958年3月分方下乡、鲁西乡,同年改称方下、鲁西公社。1959年合并为方下公社。1984年改称方下办事处。1985年改称方下镇至今。因镇人民政府驻方下村而得名。牟汶河、方下河、嘶马河从境内穿过。有中小学5所,卫生院1个。有国家级非物质文化遗产亓氏酱香源肉食酱制技艺。经济以农业为主。农业以种植业为主,有温室大棚2 200多个,农业生态观光园1 600亩。工业以采矿业为主,有谷家台铁矿等企业。服务业以餐饮业为主。有辛泰铁路、泰莱高速、省道莱肥公路过境。

牛泉镇 371202–B04

[Niúquán Zhèn]

莱城区辖镇。在区境西南部。面积143平方千米。人口7.4万。辖69村委会,有74自然村。镇人民政府驻东牛泉村。1949年为圣井区。1951年改第五区。1955年复称圣井区。1958年3月分牛泉乡、圣井乡,同年改称牛泉、圣井公社。1959年合并为牛泉公社。1984年改称牛泉办事处。1985

年分为牛泉镇、圣井乡。2000年合并为牛泉镇至今。因早期乡人民政府、人民公社驻牛泉村而得名。牟汶河、牛泉河、云凤河从境内穿过。有中小学8所,卫生院1个。有市级文物保护单位中共莱芜县委旧址(和尚洞遗址),省级非物质文化遗产张氏吹打乐。有笔架山旅游区等景点。经济以工业为主。农业以种植业和养殖业为主,逐步形成种植、养殖、林果三大主导产业。工业以矿产和冶金制造业为主,有莱新铁矿、阳光冶金等规模以上企业27家。服务业以旅游业为主。有泰莱、京沪高速过境。

苗山镇 371202–B05

[Miáoshān Zhèn]

莱城区辖镇。在区境东北部。面积226平方千米。人口5.6万。辖85村委会,有96自然村。镇人民政府驻南苗山村。1949年为苗山区、常庄区。1951年为第九区、第十区。1955年复称苗山区、常庄区。1958年为龙角、苗山、常庄、和庄乡,同年改为苗山、常庄、和庄公社。1959年为苗山、常庄公社。1984年为苗山、常庄办事处。1985年为苗山镇、见马乡、常庄乡、和庄乡。2000年见马乡、常庄乡并入苗山镇至今。因早期区、乡人民政府驻苗山村而得名。盘龙河、淄河、方下河、嘶马河从境内穿过。有中小学5所,卫生院1个。有省级文物保护单位古冶铜遗址、五色崖赵氏节孝坊,省级非物质文化遗产长勺之战的传说。经济以工业为主。农业以种植业为主,农产品有玉米、花生、红薯等。工业以钢铁深加工、机械制造业为主,有规模以上企业14个。服务业以旅游业和餐饮业为主。有辛泰铁路、205国道和滨莱高速过境,设苗山站、常庄站。

雪野镇 371202-B06
[Xuěyě Zhèn]

莱城区辖镇。在区境北部。面积 205 平方千米。人口 4.9 万。辖 50 村委会,有 80 自然村。镇人民政府驻上游村。1949 年为雪野区、香山区。1951 年改称第十二区。1958 年 3 月为雪野乡、上游乡,同年 10 月置上游人民公社。1984 年改称上游办事处,1985 年分为上游镇、雪野乡、鹿野乡。2000 年合乡为雪野镇至今。因早期区、乡人民政府驻雪野村而得名。嬴汶河从境内穿过,有雪野湖。有中小学 8 所,卫生院 1 个。有国家级文物保护单位齐长城遗址,山东最美古村落娘娘庙村。有房干生态旅游区。经济以旅游业、房地产业和现代生态农业为主。农业以种植业为主。工业以高新技术产业为主。服务业以旅游业为主,有房干景区和吕祖泉、雪野湖等景区,是国际航空节永久举办地。"雪野鱼头"为地方特产。有京沪高速,省道台莱公路、枣徐公路、临仲公路过境。

大王庄镇 371202-B07
[Dàwángzhuāng Zhèn]

莱城区辖镇。在区境西北部。面积 161 平方千米。人口 4.6 万。辖 62 村委会,有 105 自然村。镇人民政府驻孤山村。1949 年为香山区,1951 年改称十三区。1955 年复称香山区。1958 年 3 月分设大王庄乡、大槐树乡,同年 10 月改为大王庄、大槐树公社。1959 年合并为大王庄公社。1984 年改称大王庄办事处,1985 年分设大王庄镇、大槐树乡。2000 年合并为大王庄镇至今。因早期乡人民政府、人民公社驻大王庄村而得名。有中小学 5 所,卫生院 1 个。有景点香山景区。经济以农业和农产品加工为主。农业以种植业为主,特色农产品有姜、板栗、核桃、花椒。工业以加工业为

主。服务业以旅游业为主,有香山和"天上人家王石门"等景区。有省道台莱公路、枣徐公路过境。

寨里镇 371202-B08
[Zhàilǐ Zhèn]

莱城区辖镇。在区境西北部。面积 70 平方千米。人口 5.7 万。辖 48 村委会,有 50 自然村。镇人民政府驻寨里西村。1949 年为水北区。1951 年称十四区。1955 年复称水北区,1958 年 3 月为寨里乡、水北乡,同年 10 月两乡合并称寨里公社。1984 年称寨里办事处,1985 年改称镇至今。因镇人民政府驻寨里村而得名。嬴汶河、寨里河从境内穿过。有中小学 7 所,卫生院 1 个。经济以农业为主。农业以种植姜、大蒜、小麦、花椒为主,有 5 家省级农业龙头企业。工业以锻造加工、风机制造为主。服务业以餐饮业为主。有省道枣徐公路过境。

杨庄镇 371202-B09
[Yángzhuāng Zhèn]

莱城区辖镇。在区境西部。面积 59 平方千米。人口 4.9 万。辖 45 村委会,有 46 自然村。镇人民政府驻杨庄村。1949 年为杨庄区。1951 年 3 月改称十五区,同年 5 月并入十四区,1953 年恢复十五区,1955 年复称杨庄区,1958 年 3 月称杨庄乡,同年 10 月改称杨庄公社。1984 年改称杨庄办事处,1985 年改称杨庄镇至今。因镇人民政府驻杨庄村而得名。嬴汶河从境内穿过。有中小学 3 所,卫生院 1 个。有省级文物保护单位张里街遗址,省级非物质文化遗产陈楼糖瓜制作技艺。经济以姜蒜加工、现代高效农业、生物制药、板材加工、精细化工等为主。农业以种植业为主。工业以锻造加工业、制造业为主。服务业以餐饮业为主。有国家级技术研究中心 1 个,

国家级农产品加工龙头企业 1 家，市级高新技术企业 5 家。有辛泰铁路，莱泰高速，省道枣徐公路、莱肥公路过境，设司家岭站。

茶业口镇 371202-B10
[Cháyèkǒu Zhèn]

莱城区辖镇。在区境北部。面积 174 平方千米。人口 3.6 万。辖 60 村委会，有 68 自然村。镇人民政府驻茶业口村。1949 年为茶业区。1951 年改称第十一区，1955 年复称茶业区。1958 年分为茶业乡、腰关乡，同年分别改称吉山、腰关公社。1959 年合并为腰关公社，不久改称茶业公社。1984 年改称茶业办事处。1985 年改称茶业口乡、腰关乡。2000 年合并为茶业口镇至今。因镇人民政府驻茶业口村而得名。嬴汶河从境内穿过。有中小学 6 所，卫生院 1 个。有省级文物保护单位和省级爱国主义教育基地汪洋台、山东最美古村落卧云铺村、逯家岭村，国家级非物质文化遗产孟姜女传说、市级非物质文化遗产"抬芯子"，景点有卧云铺景区。经济以农业为主。农业以林果业为主，有花椒、樱桃、干杂果、椿芽、蜜桃种植基地。工业以加工制造业为主。服务业以旅游业为主。有省道临仲公路过境。

和庄镇 371202-B11
[Hézhuāng Zhèn]

莱城区辖镇。在区境东北部。面积 86 平方千米。人口 2.6 万。辖 31 村委会，有 36 自然村。镇人民政府驻和庄村。1949 年属常庄区，1951 年属第十区，1955 年属常庄区。1958 年 3 月常庄区分为常庄乡、和庄乡，同年 10 月和庄乡改称和庄公社。1959 年并入常庄公社，1984 年属常庄办事处，1985 年由常庄办事处析出，设和庄乡。2010 年撤乡设和庄镇至今。因镇人民政府驻和庄村而得名。有摩云山、原山、望鲁山。有中小学 4 所，卫生院 1 个。有古迹、景点齐长城关口青石关。经济以工业为主。农业以种植业为主，林果业和畜牧业发达。工业以钢铁深加工、机械制造、资源类加工为主，有科虹特高压线缆、碳纤维线缆、中小企业创业园、香港中电麻峪风电场等项目。服务业以旅游餐饮业为主。有 205 国道和滨莱高速过境。

旧地名

圣井乡（旧） 371202-U01
[Shèngjǐng Xiāng]

在莱城区西南部。莱城区辖乡。1985 年设立。2000 年 12 月撤销，并入牛泉镇。

南冶镇（旧） 371202-U02
[Nányě Zhèn]

在莱城区南部。莱城区辖镇。1985 年设立。2000 年 12 月撤销，并入高庄街道。

见马乡（旧） 371202-U03
[Jiànmǎ Xiāng]

在莱城区东北部。莱城区辖乡。1985 年设立。2000 年 12 月撤销，并入苗山镇。

常庄乡（旧） 371202-U04
[Chángzhuāng Xiāng]

在莱城区东北部。莱城区辖乡。1985 年 10 月设立。2000 年 12 月撤销，并入苗山镇。

腰关乡（旧） 371202-U05
[Yāoguān Xiāng]

在莱城区北部。莱城区辖乡。1985 年设立。2000 年 12 月撤销，并入茶业口镇。

鹿野乡（旧） 371202–U06

[Lùyě Xiāng]

在莱城区北部。莱城区辖乡。1985年设立。2000年12月撤销，并入雪野镇。

大槐树乡（旧） 371202–U07

[Dàhuáishù Xiāng]

在莱城区西北部。莱城区辖乡。1985年设立。2000年12月撤销，并入大王庄镇。

上游镇（旧） 371202–U08

[Shàngyóu Zhèn]

在莱城区北部。莱城区辖镇。1985年10月设立。2000年12月撤销，并入雪野镇。

北孝义乡（旧） 371202–U09

[BěiXiàoyì Xiāng]

在莱城区东部，莱城区辖乡。1985年10月设立。2000年12月撤销，并入凤城街道。

社区

顺河社区 371202–A01–J01

[Shùnhé Shèqū]

属凤城街道管辖。在莱城区中部。面积0.9平方千米。人口11 300。以其南邻的顺河西大街命名。2004年成立。有楼房169栋，中式建筑风格，有平房661套。驻有莱城区区政府莱芜市武装部、莱芜实验小学、莱芜实验中学、莱芜实验幼儿园等单位。有志愿者服务，开展为老年人献爱心等活动。通公交车。

西关社区 371202–A01–J02

[Xīguān Shèqū]

属凤城街道管辖。在莱城区中部。面积0.8平方千米。人口15 000。以原西关村名称命名。2004年成立。有楼房50栋，现代建筑风格，有平房520套。驻有山东莱芜交运集团、莱芜市环保局、莱芜市林业局等单位。有志愿者服务，开展关爱老人、关心未成年人等活动。通公交车。

北坦社区 371202–A01–J03

[Běitǎn Shèqū]

属凤城街道管辖。在莱城区中部。面积0.6平方千米。人口4 500。以北坦南路命名。2014年成立。有楼房47栋，现代建筑风格，有平房57套。驻有莱芜市城乡水务局、莱芜市烟草专卖局、莱芜市凤城街道办事处西关小学、莱芜市综合行政执法局、莱芜市畜牧兽医局等单位。有日间照料中心，开展青年志愿服务等活动。通公交车。

东方红社区 371202–A01–J04

[Dōngfānghóng Shèqū]

属凤城街道管辖。在莱城区中部。面积0.6平方千米。人口10 200。以原东方红村名称命名。2006年成立。有楼房44栋，现代建筑风格，有平房287套。驻有莱芜市人民医院市中分院、莱芜市实验学校、莱芜市公路局等单位。有日间照料中心，开展青年志愿服务等活动。通公交车。

东风社区 371202–A01–J05

[Dōngfēng Shèqū]

属凤城街道管辖。在莱城区中部。面积0.8平方千米。人口17 000。以原东风村名称命名。2004年成立。有楼房127栋，现代建筑风格，有平房427套。驻有莱芜市交警一大队、莱芜市市场监督管理局、莱商银行汇金支行、中铁二十四局、莱芜市泰钢娱乐城、银座家居、第三干休所等单位。有志愿者服务，开展关爱老人、关心未成年人等活动。通公交车。

石家庄社区 371202-A01-J06
[Shíjiāzhuāng Shèqū]

属凤城街道管辖。在莱城区中部。面积 0.5 平方千米。人口 11 000。以原石家庄村名称命名。2004 年成立。有楼房 118 栋，现代建筑风格。驻有莱芜市嬴城救助站等单位。有志愿者服务，开展关爱老人、关心未成年人等活动。通公交车。

东升社区 371202-A01-J07
[Dōngshēng Shèqū]

属凤城街道管辖。在莱城区中部。面积 1.1 平方千米。人口 12 700。以原东升村名称命名。2004 年成立。有楼房 143 栋，现代建筑风格，有平房 110 套。驻有莱芜市妇幼保健院、莱芜市凤城街道办兽医站、凤城街道办事处等单位。有志愿者服务，开展关爱老人、关心未成年人等活动。通公交车。

吴花园社区 371202-A01-J08
[Wúhuāyuán Shèqū]

属凤城街道管辖。在莱城区中部。面积 1.1 平方千米。人口 13 800。以原吴花园村名称命名。2004 年成立。有楼房 63 栋，现代建筑风格，有平房 274 套。驻有莱芜市人力资源和社会保障局、凤城街道中心幼儿园、莱芜市自来水公司等单位。有一站式服务大厅、志愿者服务，开展关爱老人、关心未成年人等活动。通公交车。

小曹村社区 371202-A01-J09
[Xiǎocáocūn Shèqū]

属凤城街道管辖。在莱城区中部。面积 0.7 平方千米。人口 10 500。以原小曹村名称命名。2004 年成立。有楼房 137 栋，现代建筑风格，有平房 645 套。驻有莱芜

煤机厂、莱芜市汽贸总公司等单位。有志愿者服务，开展关爱老人、关心未成年人等活动。通公交车。

董花园社区 371202-A01-J10
[Dǒnghuāyuán Shèqū]

属凤城街道管辖。在莱城区中部。面积 0.7 平方千米。人口 11 700。以原董花园村名称命名。2003 年成立。有楼房 54 栋，现代建筑风格，有平房 91 套。驻有莱芜市老干部活动中心、莱芜市干休所等单位。有志愿者服务，开展关爱老人、关心未成年人等活动。通公交车。

任花园社区 371202-A01-J11
[Rènhuāyuán Shèqū]

属凤城街道管辖。在莱城区中部。面积 1.64 平方千米。人口 7 100。以原任花园村名称命名。2004 年成立。有楼房 60 栋，现代建筑风格，有平房 21 套。驻有荣军医院等单位。有志愿者服务，开展心理辅导等活动。通公交车。

石花园社区 371202-A01-J12
[Shíhuāyuán Shèqū]

属凤城街道管辖。在莱城区中部。面积 1.9 平方千米。人口 16 700。以原石花园村名称命名。2004 年成立。有楼房 77 栋，中式建筑风格，有平房 58 套。驻有莱城区教育局、莱城区卫生局等单位。有志愿者服务，开展关爱老人等活动。通公交车。

吕花园社区 371202-A01-J13
[Lǚhuāyuán Shèqū]

属凤城街道管辖。在莱城区中部。面积 1.6 平方千米。人口 16 800。以原吕花园村名称命名。2003 年成立。有楼房 95 栋，中式建筑风格，有平房 163 套。驻有莱芜战役纪念馆、莱芜市农机局等单位。有社

区便民服务，开展关爱老人、关心未成年人等活动。通公交车。

孙花园社区 371202-A01-J14
[Sūnhuāyuán Shèqū]

属凤城街道管辖。在莱城区中部。面积1.4平方千米。人口7 800。以原孙花园村名称命名。2004年成立。有楼房87栋，现代建筑风格，有平房450套。驻有陈毅中学、莱芜市第二实验小学、莱芜市中西医结合医院、莱芜市交警队等单位。有志愿者服务、养老服务机构，开展走访困难家庭等活动。通公交车。

戴花园社区 371202-A01-J15
[Dàihuāyuán Shèqū]

属凤城街道管辖。在莱城区中部。面积2.0平方千米。人口9 700。相传戴姓迁此建村，因邻村多以"花园"命名，故名。2004年成立。有楼房73栋，现代建筑风格。驻有莱芜机务段、莱芜东站等单位。有"一站式"社区服务大厅，开展关爱老人、关心未成年人等活动。通公交车。2010年、2013年被评为省文明社区。

孟花园社区 371202-A01-J16
[Mènghuāyuán Shèqū]

属凤城街道管辖。在莱城区中部。面积0.8平方千米。人口13 000。以原孟花园村名称命名。2004年成立。有楼房及别墅149栋，中式建筑风格，有平房102套。驻有莱芜市国土资源局、莱芜市汶源学校、齐鲁银行等单位。有志愿者服务，开展关爱老人、关心未成年人等活动。通公交车。

北埠社区 371202-A01-J17
[Běibù Shèqū]

属凤城街道管辖。在莱城区中部。面积3.3平方千米。人口15 200。以原北埠村名称命名。有楼房70栋，现代建筑风格，有平房704套。驻有莱芜市第十七中学、国网山东省电力公司莱芜供电公司、莱芜矿业有限公司、莱芜市胜利中学、莱芜市胜利小学、莱芜市看守所、民营经济试验区管委会等单位。有志愿者服务，开展关爱老人、关心未成年人等活动。通公交车。

清馨园社区 371202-A01-J18
[Qīngxīnyuán Shèqū]

属凤城街道管辖。在莱城区中部。面积0.41平方千米。人口11 000。以原清馨园小区名称命名。2014年成立。有楼房125栋，现代建筑风格。驻有莱芜市财政局、莱芜市检察院、莱芜市交通局、莱芜市环保局、莱芜市税务局等单位。有志愿者服务，开展关心未成年人等活动。通公交车。

芳馨园社区 371202-A01-J19
[Fāngxīnyuán Shèqū]

属凤城街道管辖。在莱城区中部。面积0.3平方千米。人口7 000。以原芳馨园小区名称命名。2004年成立。有楼房67栋，现代建筑风格。驻有中国人寿保险公司莱芜分公司等单位。有志愿者服务、老年人日间照料中心，开展社区教育等活动。通公交车。

万福园社区 371202-A01-J20
[Wànfúyuán Shèqū]

属凤城街道管辖。在莱城区中部。面积0.5平方千米。人口4 200。以原万福园小区名称命名。2004年成立。有楼房76栋，现代建筑风格，有平房90套。驻有中国邮政集团有限公司莱芜分公司、莱钢集团矿山建设有限公司等单位。有志愿者服务，开展未成年人教育等活动。通公交车。

官寺社区 371202-A01-J21
[Guānsì Shèqū]

属凤城街道管辖。在莱城区中部。面积 0.9 平方千米。人口 10 800。以官寺商场名称命名。2004 年成立。有楼房 82 栋，现代建筑风格，有平房 64 套。驻有官寺商场、金桥大厦、衣旺隆服饰、万客来服饰等单位。有志愿者服务，开展关心未成年人等活动。通公交车。

新东方华庭社区 371202-A01-J22
[Xīndōngfānghuátíng Shèqū]

属凤城街道管辖。在莱城区中部。面积 0.2 平方千米。人口 4 500。以新东方华庭小区名称命名。2013 年成立。有楼房 23 栋，现代建筑风格。有志愿者服务，开展关心未成年人等活动。通公交车。

南山子后社区 371202-A02-J01
[Nánshānzihòu Shèqū]

属张家洼街道管辖。在莱城区中部。面积 1.4 平方千米。人口 2 200。以原南山子后村名称命名。2012 年成立。有楼房 115 栋，现代建筑风格，有平房 989 套。驻有莱芜钢铁集团莱芜矿业有限公司等单位。有志愿者服务，开展未成年人教育等活动。通公交车。

冯家坡社区 371202-A02-J02
[Féngjiāpō Shèqū]

属张家洼街道管辖。在莱城区中部。面积 1.0 平方千米。人口 3 100。因原村建在土坡上，冠以村民姓氏命名村为冯家坡，社区沿用原村名。2013 年成立。有楼房 42 栋，意大利托斯卡纳建筑风格。驻有凤城高级中学、莱城发电厂等单位。有社区服务中心、老年公寓等，开展百姓春晚、走进老年公寓等活动。通公交车。2009 年、

2013 年被评为省文明社区。

柳家店社区 371202-A02-J03
[Liǔjiādiàn Shèqū]

属张家洼街道管辖。在莱城区中部。面积 1.0 平方千米。人口 8 900。原名王家店，后因柳姓在村中开一客店，逐渐延称柳家店，久成村名，社区沿用原村名。2013 年成立。有楼房 175 栋，现代建筑风格。驻有莱芜市人民医院、莱芜市住建局等单位。有文明实践站、未成年人活动室，开展爱老助老、未成年人教育等活动。通公交车。2013 年被评为省文明社区。

徐家河社区 371202-A02-J04
[Xújiāhé Shèqū]

属张家洼街道管辖。在莱城区中部。面积 1.0 平方千米。人口 9 000。明朝中叶徐姓来此建村，因村南有河，冠以姓氏，故名徐家河，社区沿用原村名。2010 年成立。有楼房 70 栋，现代建筑风格。驻有莱芜市委党校、莱芜信誉楼百货有限公司等单位。有社区宣讲基地、民声艺术团，开展八一拥军演出等活动。通公交车。2007 年、2013 年被评为文明社区。

北山子后社区 371202-A02-J05
[Běishānzihòu Shèqū]

属张家洼街道管辖。在莱城区中部。面积 0.9 平方千米。人口 6 000。以原北山子后村名称命名。2012 年成立。有楼房 115 栋，现代建筑风格，有平房 96 套。有志愿者服务，开展九九老人节等活动。通公交车。

李家泉社区 371202-A02-J06
[Lǐjiāquán Shèqū]

属张家洼街道管辖。在莱城区中部。面积 1.0 平方千米。人口 500。明朝中叶，李姓迁此建村，因村南有泉，冠以姓氏，

故名李家泉,社区沿用原村名。2001年成立。有平房89套。有志愿者服务,开展九九老人节等活动。通公交车。2010年、2013年被评为省文明社区。

程故事社区 371202-A04-J01
[Chénggùshi Shèqū]

属鹏泉街道管辖。在莱城区东南部。面积1.0平方千米。人口15 000。明洪武二年(1369),程氏从河北枣强迁此建村,因与大故事村、小故事村相连,以村名村,冠以姓氏,故名,村改居时沿用原村名。2002年成立。有楼房和别墅110栋,欧式和现代建筑风格。驻有鹏泉街道办事处、莱芜汽车总站等单位。有志愿者服务,开展九九老人节等活动。通公交车。2013年被评为省文明社区。

大故事社区 371202-A04-J02
[Dàgùshi Shèqū]

属鹏泉街道管辖。在莱城区东南部。面积1.0平方千米。人口8 500。明洪武二年(1369),尚姓由诸城县迁此定居,因村旁有古寺院,故名村古寺,后演变成故事,亦称尚家故事,又因重名改称大故事,村改居时沿用原村名。2002年成立。有楼房70栋,现代建筑风格。驻有莱芜高新区管委会等单位。有老年公寓、综合服务中心,开展健身活动展演、关爱老人等活动。通公交车。2011年、2013年被评为省文明社区。

北姜庄社区 371202-A04-J03
[Běijiāngzhuāng Shèqū]

属鹏泉街道管辖。在莱城区东南部。面积0.9平方千米。人口5 300。姜姓以姓名村为姜家庄,后分为两村,该村居北,称北姜庄,村改居时沿用原村名。2002年成立。有楼房19栋,现代建筑风格。驻有山东泰丰纺织集团、莱芜煤机公司、文汇

港国际物流有限公司等单位。有老年公寓、综合服务中心,开展健身活动展演、关爱老人等活动。通公交车。

大桥社区 371202-A04-J04
[Dàqiáo Shèqū]

属鹏泉街道管辖。在莱城区东南部。面积1.4平方千米。人口9 000。因村西有一石桥,众称大桥,以桥名村,村改居时沿用原村名。2002年成立。有楼房18栋,现代建筑风格。驻有华冠塑机、莱芜烟草公司、莱芜市建设机械总公司等单位。有志愿者服务,开展关爱老人等活动。通公交车。

地理沟社区 371202-A04-J05
[Dìlǐgōu Shèqū]

属鹏泉街道管辖。在莱城区东南部。面积1.2平方千米。人口5 800。明洪武二年(1369),刘姓由安徽凤阳迁此建村,因村址在沟内,取名地理沟,村改居时沿用原村名。2002年成立。有楼房6栋,现代建筑风格。驻有济南海关莱芜办事处、莱芜煤气热力公司等单位。有综合服务中心,开展健身活动展演、关爱老人等活动。通公交车。

冯家林社区 371202-A04-J06
[Féngjiālín Shèqū]

属鹏泉街道管辖。在莱城区东南部。面积2.1平方千米。人口6 200。因村西有冯氏墓地,众称冯家林,久成村名,村改居时沿用原村名。2002年成立。有楼房82栋,现代建筑风格。驻有高新区消防支队、高新区交警支队、力创科技、环球汽车零部件、日升国际等单位。有老年公寓、综合服务中心,开展健身活动展演、关爱老人等活动。通公交车。

孙故事社区 371202-A04-J07

[Sūngùshì Shèqū]

属鹏泉街道管辖。在莱城区东南部。面积 0.9 平方千米。人口 8 600。明朝初年，孙、李两姓由山西迁入，因村内有一座古寺庙，孙姓居多，故名孙古寺，后演变成孙故事，村改居时沿用原村名。2002 成立。有楼房 50 栋，现代建筑风格。驻有吴伯箫学校、市公路管理局工程处、泰山啤酒（莱芜）有限公司、益寿堂药品批发超市等单位。有志愿者服务，开展关爱老人等活动。通公交车。

小故事社区 371202-A04-J08

[Xiǎogùshì Shèqū]

属鹏泉街道管辖。在莱城区东南部。面积 0.4 平方千米。人口 5 200。1959 年划为行政村后，为对应大故事，故名小故事，村改居时沿用原村名。2002 年成立。有楼房 72 栋，现代建筑风格。驻有莱芜市电视台、鹏泉街道党群服务中心等单位。有综合服务中心，开展健身活动展演、关爱老人等活动。通公交车。

钢城区

钢城区 371203

[Gāngchéng Qū]

莱芜市辖区。在市境南部。面积 506 平方千米。人口 32.6 万。以汉族为主，还有回、佤、满、蒙古、壮、朝鲜、白、维吾尔、土家、仡佬等民族。辖 3 街道、2 镇。区人民政府驻艾山街道。1990 年 8 月从莱芜市划出颜庄镇、城子坡镇和里辛乡，从沂源县划出黄庄镇，从新泰市划出寨子乡共 5 个乡镇成立莱芜市钢城办事处。1992 年 11 月莱芜市由县级市升为地级市，同时设立钢城区。因境内有国家大型钢铁企业——莱芜钢铁厂，以钢铁为主导产业而得名。有历山、裂辟山、葫芦山、九龙山、旋崮等，牟汶河及其支流辛庄河、盘龙河、颜庄河、阎王河、澜头河从区境内穿过。有科研单位 7 个，中小学 58 所，图书馆 3 个，体育场馆 7 个，知名文艺团体 3 个，三级以上医院 2 个。有国家级重点文物保护单位牟国故城遗址、莱芜战役指挥所旧址，省级文物保护单位雪蓑大字碑，省级爱国主义教育基地莱芜战役指挥所旧址，省级非物质文化遗产颜庄村花鼓锣子、蟠龙梆子，棋山国家级森林公园、大汶河国家湿地公园等景点。城区建设早期围绕莱钢发展形成建筑聚落，钢城区成立后，在西南部和牟汶河沿岸形成以政府机关和新型住宅区为主的新城区，近年来又向东部迅速拓展，建有艾山、双山、磨石山公园等多处山体公园，南部和西部依牟汶河建有南湖公园和湿地公园。三次产业比例为 3.9∶59.4∶36.7。农业以种植业为主，蜜桃种植面积 10 万亩，"莱芜三黑"（黑猪、黑鸡、黑山羊）获得国家农产品原产地地理标识，被列入国家级种质资源保护库。工业以冶金重工业为主，是山东省重要的钢铁、能源基地，是全国最大的 H 型钢、齿轮钢、智能车库生产基地。新兴产业有粉末冶金产业，拥有国际领先的高密度低合金技术，制粉、制件能力分别达到 15 万吨、3 万吨，是全国规模最大的粉末冶金材料生产基地。以金雷风电为龙头的新能源与节能环保产业，年可生产风力发电机主轴 8 000 支。服务业以物流业为主，齐鲁钢铁物流园是山东省服务业重点园区，全区物流贸易企业达到 900 家，年物流吞吐量达 5 000 万吨。有钢城汽车站和莱钢火车站，有多条公交线路。

钢城经济开发区 371203-E01

[Gāngchéng Jīngjì Kāifāqū]

在钢城区境北部。东靠棋山，南接莱

钢，西临牟汶河，北临辛庄河。占地面积9 800公顷。因位于钢城区而得名。2006年3月7日经省政府批准建立省级开发区，由市、区两级政府管理。主要产业是钢铁深加工、机械制造、粉末冶金及制品，已经形成一定经济规模和产业集聚优势。2012年，加挂"莱钢钢铁精深加工产业园"牌子。有山东莱芜金雷风电科技股份有限公司、山东钢铁股份有限公司等企业40个。开发区内道路呈不规则格网式布局，通公交车。

钢城区高新技术开发区 371203-E02
[Gāngchéng Qū Gāoxīnjìshù Kāifāqū]

在钢城区境南部。东至汶源街道办事处青冶行村，北至艾山街道南城子坡社区，西至艾山街道大龙门村，南至新泰市高玉铺村。占地面积400公顷。以所在钢城区与发展规划重点命名。2006年3月7日经省政府批准建立省级开发区，由区级政府管理。主要产业是钢铁深加工、机械制造、粉末冶金及制品，已经形成一定经济规模和产业集聚优势。有山东邦巨实业有限公司、山东金鼎电子材料有限公司、山东莱钢泰达车库有限公司等企业408个。开发区内道路呈不规则格网式布局，通公交车。

艾山街道 371203-A01
[Àishān Jiēdào]

钢城区人民政府驻地。在区境西南部。面积78平方千米。人口7.4万。以汉族为主，还有回、佤等民族。2000年设立。因境内艾山得名。1993年后，在规划设计、楼房建设、道路整修、线路改造、排水排污、美化亮化净化等方面逐一整治。2010年以后向南向西拓展，建有九龙山地质公园、双龙山公园、滨河公园和大汶河湿地公园等。牟汶河从境内穿过，有九龙山、卧虎山、艾山。有中小学12所，体育场5个，知名文艺团体2个，医疗卫生机构56个。有莱钢办公楼、新兴大厦、银座商厦等标志性建筑。城区建筑布局主要分为围绕莱钢的各单位和钢城区政府办公、生活区。经济以工业为主。农业以农作物、水果种植为主。工业以钢铁、粉末冶金、新型装备制造、化工、铸造业为主。服务业以批发和零售业、住宿和餐饮业为主。有钢城汽车站和莱钢站，通公交车。

里辛街道 371203-A02
[Lǐxīn Jiēdào]

属钢城区管辖。在区境北部。面积89平方千米。人口6.1万。2012年设立。因辖区内的里辛村得名。2005年以来先后铺开道路、供排水、供气、供热、绿化、亮化、河道清理等基础设施工程建设，截至2014年底，逐步搭建起"七纵六横"的路网框架，水、电、气等日益完善。棋山河从境内穿过。有中小学6所，文化馆1个、图书馆1个，体育场2个，知名文艺团体1个，医疗卫生机构57个。有省级文物保护单位雪蓑大字碑，棋山国家森林公园等旅游景点。有里辛街道办事处办公楼，莱钢焦化厂等标志性建筑物。经济以工业为主。农业以种植业为主。工业以重工业为主，有国内最大的H型钢生产基地、粉末冶金及制品生产基地钢城经济开发区，有冶金专业研发中心、中低速磁悬浮轨排生产项目等钢铁深加工、粉末冶金制品项目。服务业以餐饮业为主。通公交车。

汶源街道 371203-A03
[Wēnyuán Jiēdào]

属钢城区管辖。在区境东部。面积96平方千米。人口5.8万。以汉族为主，还有回、满、蒙古、壮、朝鲜、白等民族。2012年设立。因境内旋崮为牟汶河重要的发源地而得名。

20世纪七八十年代，兴建一批莱钢厂房和生活区。2004年—2014年，莱钢生活区东扩，建有金鼎北区、金鼎南区、金鼎西区。牟汶河从境内穿过。有旋崮和青扬崮。有中小学4所，图书馆1个，医疗卫生机构49个。有省级文物保护单位历山抗战旧址。有银座、金茂广场等标志性建筑物。经济以农业为主。农业以林果业为主，有特色农产品蜜桃。工业以机械制造、钢材铸造、木器加工为主。服务业以餐饮业为主，商业外贸形成金茂广场、新兴健身、科技文化城等服务业亮点。通公交车。

颜庄镇 371203-B01
[Yánzhuāng Zhèn]

钢城区辖镇。在区境西部。面积72平方千米。人口6.5万。以汉族为主，还有维吾尔、回、蒙古等民族。辖37村委会、1居委会，有49自然村。镇人民政府驻颜庄村。1949年为颜庄区，1951年改第七区，1955年复称颜庄区，1958年为颜庄乡、郑王庄乡，同年改为人民公社，1959年合并为颜庄人民公社，1985年改颜庄镇。因镇政府驻地颜庄村而得名。牟汶河从境内穿过。有中小学12所，图书馆1个，医院2个，广场43个。有省级非物质文化遗产颜庄村花鼓锣子。有吴家大院、刘家大院、花雨山庙等古建筑群。经济以工业为主。农业以种植业为主。工业以钢铁加工、煤炭、建筑材料及石料加工等为主，建有民营工业园、钢材大市场、万隆工业园、建材城、创业园、工业新区6个经济园区。服务业以餐饮、广告图文为主。有磁莱铁路、京沪高速、205国道过境。

辛庄镇 371203-B02
[Xīnzhuāng Zhèn]

钢城区辖镇。在区境北部。面积173平方千米。人口4.6万。以汉族为主，还有满、回、土家、壮、蒙古、仡佬等民族。辖62村委会，有68自然村。镇人民政府驻辛庄村。1949年为辛庄区，1951年改第八区，1955年复称辛庄区，1958年设辛庄、铁车两乡，同年合并为辛庄公社，1985年又分为辛庄镇、铁车乡，2000年合为辛庄镇。2006年由莱城区划归钢城区管辖。因镇驻地辛庄村而得名。有寄母山林场。有中小学9所，卫生院1个。有国家级文物保护单位莱芜战役指挥所旧址、牟国故城遗址，省级爱国教育基地莱芜战役指挥所旧址。经济以农业为主。农业以种植业为主，建有市民菜园、都市花园、乡村果园、农家乐园、养生药园、畜禽牧园六大经济园区，园林业发展迅速。工业以煤炭、塑编为主，建有西部工业园、钢城区辛庄镇高科技工业园区两大经济园区。服务业以餐饮、运输为主。有磁莱铁路、有青兰高速、京沪高速、省道泰薛公路过境。

旧地名

铁车乡（旧） 371023-U01
[Tiěchē Xiāng]

在钢城区东北部。钢城区辖乡。1985年设立。2000年撤销，并入辛庄镇。

寨子乡（旧） 371023-U02
[Zhàizi Xiāng]

在钢城区西南部。钢城区辖乡。1990年8月设立。2000年12月撤销，并入艾山街道。

社区

九龙家园社区 371203-A01-J01
[Jiǔlóngjiāyuán Shèqū]

属艾山街道管辖。在钢城区中部。面

积 1.0 平方千米。人口 6 200。因位于九龙西大街北而得名。2013 年成立。有楼房 69 栋，现代简约建筑风格。驻有艾山街道办事处、钢城区城乡交通运输局、钢城区工商局、艾山敬老院、钢城科技艺术学校等单位。有老年活动中心，开展棋牌、书画、健身等活动。通公交车。2013 年被评为省文明社区。

陈家庄社区 371203-A01-J02

[Chénjiāzhuāng Shèqū]

属艾山街道管辖。在钢城区西北部。面积 1.4 平方千米。人口 3 400。村改居时沿用原村名。2004 年成立。有楼房 17 栋，现代简约建筑风格。驻有莱钢党校、莱钢职工培训中心、钢城物流中心等单位。有志愿者服务，开展探访老人、解决邻里纠纷等活动。通公交车。

北城子坡社区 371203-A01-J03

[Běichéngzipō Shèqū]

属艾山街道管辖。在钢城区西部。面积 1.4 平方千米。人口 6 400。明朝初年，徐姓迁此定居，因附近似有城堡，址在山坡，故名城子坡。因重名，加"北"字，名北城子坡。村改居时沿用原村名。2004 年成立。有楼房 21 栋，现代简约建筑风格。驻有莱钢五中、中国人寿保险钢城分公司、莱钢检修中心、亚特家具城等单位。有老年人日间照料中心，开展为老人送餐活动。通公交车。

汶水山庄社区 371203-A01-J04

[Wènshuǐshānzhuāng Shèqū]

属艾山街道管辖。在钢城区中部。面积 0.6 平方千米。人口 6 000。因紧邻汶河源头而得名。2005 年成立。有楼房 68 栋，现代简约建筑风格。驻有钢城区人武部、钢城区卫生局、钢城区民政局、钢城区实

验学校、凤城少儿艺术发展中心等单位。有养老院，开展棋牌、书画、健身等活动。通公交车。2010 年、2013 年被评为省文明社区。

桃花源社区 371203-A03-J01

[Táohuāyuán Shèqū]

属汶源街道管辖。在钢城区东南部。面积 0.2 平方千米。人口 3 200。因此地过去多桃园，又是牟汶河发源地而得名。2013 年成立。有楼房 79 栋，现代简约建筑风格。有幸福食堂，开展为老人送餐活动。通公交车。2013 年获得省级"文明社区"称号。

洪沟社区 371203-A03-J02

[Hónggōu Shèqū]

属汶源街道管辖。在钢城区东南部。面积 1.2 平方千米。人口 13 100。因村北沟内多红石而得名红沟，后改为洪沟，村改居时沿用原村名。2003 年成立。有楼房 55 栋，现代简约建筑风格。有养老院，开展棋牌、书画、健身等活动。通公交车。2012 年、2013 年被评为省文明社区。

验货台社区 371203-B01-J01

[Yànhuòtái Shèqū]

属颜庄镇管辖。在钢城区北部。面积 0.4 平方千米。人口 900。相传古时此处为一片泽区，来往船只在村南小山岭上验货，众称验货台，借以名村，村改居时沿用原村名。2004 年成立。有楼房 11 栋，现代简约建筑风格。有幸福食堂，开展为老人体检、送餐等活动。通公交车。

二　居民点

莱城区

城市居民点

都市花园 371202-I01
[Dūshì Huāyuán]

在区境中部。人口 4 500。总面积 20.0 公顷。以在闹市中取一僻静之处，如同城市中的花园之意命名。2009 年始建，2013 年正式使用。建筑总面积 39 229 平方米，高层住宅楼 23 栋，现代建筑风格，绿化率 46%，有幼儿园、超市等配套设施。通公交车。

吕花园小区 371202-I02
[Lǚhuāyuán Xiǎoqū]

在区境中部。人口 800。总面积 3.0 公顷。以境内吕花园村命名。1995 年始建，1999 年正式使用。建筑总面积 99 000 平方米，多层住宅楼 22 栋，现代建筑风格，绿地面积 500 平方米，有超市、卫生室等配套设施。通公交车。

御花园 371202-I03
[Yù Huāyuán]

在区境中部。人口 3 700。总面积 22.0 公顷。以环境优美如同花园之意命名。2006 年始建，2009 年正式使用。建筑总面积 130 000 平方米，多层住宅楼 31 栋，现代建筑风格。绿化率 30%，有老年活动中心和超市等配套设施。通公交车。

清馨园小区 371202-I04
[Qīngxīnyuán Xiǎoqū]

在区境中部。人口 1 500。总面积 41.0 公顷。以环境清馨优美之意命名。1993 年始建，1995 年正式使用。建筑总面积 55 000 平方米，多层住宅楼 123 栋，现代建筑风格，绿地面积 9.6 万平方米，有健身广场、老年活动中心和超市等配套设施。通公交车。

金莱广场小区 371202-I05
[Jīnlái Guǎngchǎng Xiǎoqū]

在区境中部。人口 1 100。总面积 3.0 公顷。以开发公司名命名。2005 年始建，2007 年正式使用。建筑总面积 61 448.9 平方米，住宅楼 11 栋，其中高层 4 栋、多层 7 栋，现代建筑风格，绿化率 30%，有健身广场、超市等配套设施。通公交车。

滨河花苑 371202-I06
[Bīnhé Huāyuàn]

在区境东部。人口 8 000。总面积 41.7 公顷。因在孝义河西侧，小区绿化较好，故命名为滨河花苑。2005 年始建，2013 年正式使用。建筑面积 358 000 平方米，多层住宅楼 109 栋、别墅 19 栋，现代建筑风格，绿化率 30%，有小学、幼儿园、超市等配套设施。通公交车。

晨晖花苑 371202-I07
［Chénhuī Huāyuàn］

在区境中部。人口1 400。总面积0.5公顷。设计为花园式住宅区，故命名为晨晖花苑。2003年始建，2005年正式使用。建筑总面积46 000平方米，多层住宅楼18栋，现代建筑风格，绿化率30%，有叠水广场、休闲健身广场等配套设施。通公交车。

东海花园 371202-I08
［Dōnghǎi Huāyuàn］

在区境中部。人口1 500。总面积0.1公顷。因位于孝义河东边，为花园式小区，故名东海花园。2006年始建，2008年正式使用。建筑总面积145 000平方米，有多层住宅楼39栋，现代风格建筑，绿化率30%，有超市、健身广场等配套设施。通公交车。

海地中航小区 371202-I09
［Hǎidì Zhōngháng Xiǎoqū］

在区境中部。人口500。总面积0.5公顷。因小区两面有河，小区像一条船在航行，故名海地中航。2009年始建，2012年正式使用。建筑总面积56 000平方米，多层住宅楼27栋，现代风格建筑，绿化率35%，有健身广场、乒乓球场、健身路径等配套设施。通公交车。

锦桥花园 371202-I10
［Jǐnqiáo Huāyuàn］

在区境中部。人口1 600。总面积0.9公顷。因为大桥村旧村改造所建住宅区，故命名为锦桥花园。2011年始建，2014年正式使用。建筑总面积160 000平方米，高层住宅楼12栋，现代建筑风格，绿化率30%，有健身广场、乒乓球场、便利店等配套设施。通公交车。

仁和花园 371202-I11
［Rénhé Huāyuàn］

在区境中部。人口27 000。面积0.4公顷。取人与自然和谐之意命名为仁和花园。2011年始建，2012年正式使用。建筑总面积180 000平方米，住宅楼56栋，其中高层5栋、多层51栋，现代建筑风格，绿化率40%，有便利店、超市、健身广场等配套设施。通公交车。

上海明珠花园 371202-I12
［Shànghǎi Míngzhū Huāyuàn］

在区境中部。人口3 000。面积0.9公顷。由莱芜上海明珠置业有限公司建设，故名。2002年始建，2006年正式使用。建筑总面积83 000平方米，有多层住宅楼36栋、别墅15栋，为欧式风格建筑。绿化率30%，有喷泉广场、网球场、健身广场等配套设施。通公交车。

汶水南园 371202-I13
［Wènshuǐ Nányuán］

在区境中部。人口8 000。总面积1.0公顷。取莱芜古八景之一"汶水西流"，命名为汶水南园。2002年始建，2004年正式使用。建筑总面积240 000平方米，多层住宅楼23栋，现代建筑风格。绿化率40%，有健身广场等配套设施。通公交车。

阳光花园 371202-I14
［Yángguāng Huāyuàn］

在区境中部。人口1 600。总面积5.0公顷。取朝气蓬勃、欣欣向荣之意命名为阳光花园。2012年始建，2013年正式使用。建筑总面积93 000平方米，住宅楼12栋，其中高层8栋、多层4栋，现代建筑风格，绿地面积2.8万平方米，有健身广场等配套设施。通公交车。

鲁中国际小区 371202-I15

[Lǔzhōng Guójì Xiǎoqū]

在区境中部。人口 3 000。总面积 1.0 公顷。因位于鲁中东大街南侧，规划为国际化高档小区，故名鲁中国际小区。2009 年始建，2011 年正式使用。建筑总面积 270 000 平方米，高层住宅楼 10 栋，现代建筑风格。绿化率 35%，有健身广场、便利店等配套设施。通公交车。

农村居民点

南十里铺 371202-A01-H01

[Nánshílǐpù]

在区驻地凤城街道西方向 5.2 千米。凤城街道属自然村。人口 1 000。因位于县城以南，且距离县城有十里的路程，得名南十里铺。聚落呈团块状分布。有文化广场 1 个、幼儿园 1 所。经济以种植业为主，主产蔬菜、玉米、小麦等。有公路经此。

北十里铺 371202-A01-H02

[Běishílǐpù]

在区驻地凤城街道西方向 4.2 千米。凤城街道属自然村。人口 1 200。因位于县城以南，且距离县城有十里的路程，得名十里铺，为与南十里铺区别，称为北十里铺。聚落呈团块状分布。有文化广场 1 个、幼儿园 1 所。经济以种植业为主，主产小麦、玉米等。有公路经此。

叶家庄 371202-A01-H03

[Yèjiāzhuāng]

在区驻地凤城街道西方向 5.1 千米。凤城街道属自然村。人口 2 400。以姓氏命名。聚落呈团块状分布。有文化广场 1 个、幼儿园 1 所。经济以种植业为主，主产玉米、蔬菜等。有公路经此。

孟家庄 371202-A01-H04

[Mèngjiāzhuāng]

在区驻地凤城街道西方向 4.2 千米。凤城街道属自然村。人口 1 600。以姓氏命名。聚落呈团块状分布。有文化广场 1 个、幼儿园 1 所。经济以种植业为主，主产小麦、玉米等。有公路经此。

张家洼 371202-A02-H01

[Zhāngjiāwā]

在区驻地凤城街道北方向 8.7 千米。人口 3 500。张家洼街道属自然村。明初，张姓迁居于此，因地势低洼，曾名洼子庄，后改称张家洼。聚落呈团块状分布。有文化广场 1 个、幼儿园 1 所、中小学 1 所。经济以种植业、服务业和商贸为主，有鲁中冶金矿山公司、集贸市场等。有公路经此。

御驾泉 371202-A02-H02

[Yùjiàquán]

在区驻地凤城街道北方向 9.2 千米。张家洼街道属自然村。人口 500。《续修莱芜县志》记载："林马乡、余家泉。"据御驾桥碑记载：明崇祯年间重修。村始建于明代，原名余家泉，后改称御驾泉。聚落呈团块状分布。有文化广场 1 个、幼儿园 1 所。经济以服务业和商贸为主。省道台莱公路经此。

许家沟 371202-A02-H03

[Xǔjiāgōu]

在区驻地凤城街道北方向 9.8 千米。张家洼街道属自然村。人口 800。明洪武年间，许姓建村，因村内有深沟，冠以姓氏，名许家沟。聚落呈团块状分布。有文化广场 1 个、幼儿园 1 所。经济以种植业为主，主产花椒、水果等。省道台莱公路经此。

任家洼 371202-A02-H04

[Rénjiāwā]

在区驻地凤城街道北方向9.2千米。张家洼街道属自然村。人口1 200。明末，任姓迁此建村，因地势低洼，冠以姓氏，名任家洼。聚落呈团块状分布。有文化广场1个、幼儿园1所。经济以种植业为主。有公路经此。

崔家庄 371202-A02-H05

[Cuījiāzhuāng]

在区驻地凤城街道北方向10.3千米。张家洼街道属自然村。人口400。以姓氏命名。聚落呈团块状分布。有文化广场1个、幼儿园1所。经济以种植业为主。有公路经此。

东王善 371202-A02-H06

[Dōngwángshàn]

在区驻地凤城街道北方向8.5千米。张家洼街道属自然村。人口900。据记载，明洪武年间，李姓由安丘县迁此定居，村南有王神寺，曾以寺名村。相传村人王某为人善良，乡里崇敬，称之为王善人，由此改称大王善。后易名为东王善。聚落呈团块状分布。有文化广场1个、幼儿园1所。经济以种植业为主。有公路经此。

管家河 371202-A02-H07

[Guǎnjiāhé]

在区驻地凤城街道北方向8.3千米。张家洼街道属自然村。人口500。官姓早居于此，因村在两条河之间，曾名官家河，后谐音成管家河。聚落呈团块状分布。有文化广场1个、幼儿园1所。经济以种植业为主。有公路经此。

吕家河 371202-A02-H08

[Lǚjiāhé]

在区驻地凤城街道北方向8.2千米。张家洼街道属自然村。人口300。清康熙年间，吕姓迁此建村，因村南有河，冠以姓氏，故名吕家河。聚落呈团块状分布。有文化广场1个、幼儿园1所。经济以种植业为主。有公路经此。

青杨行 371202-A02-H09

[Qīngyángháng]

在区驻地凤城街道北方向11.2千米。张家洼街道属自然村。人口1 000。明洪武年间，吕姓迁此建村，因村东有河，沿河青杨树成行，故名青杨行。聚落呈团块状分布。有文化广场1个、幼儿园1所。经济以种植业为主。有公路经此。

大陡沟 371202-A02-H10

[Dàdǒugōu]

在区驻地凤城街道北方向10.3千米。张家洼街道属自然村。人口500。明洪武三年（1370），张姓迁此建村，因村在陡峭的山沟内，曾名陡沟，后因重名，改称大陡沟。聚落呈团块状分布。有文化广场1个、幼儿园1所。经济以种植业为主。有公路经此。

黄崖头 371202-A02-H11

[Huángyátóu]

在区驻地凤城街道北方向9.6千米。张家洼街道属自然村。人口200。明末时建村，因村在黄土崖上，故名黄崖头。聚落呈团块状分布。有文化广场1个、幼儿园1所。经济以种植业为主。有公路经此。

大崮山 371202-A02-H12

[Dàgùshān]

在区驻地凤城街道北方向 10.2 千米。张家洼街道属自然村。人口 600。清初，段姓迁此建村，因址在大崮山西麓，以山名村。聚落呈团块状分布。有文化广场 1 个、幼儿园 1 所。经济以种植业为主。有公路经此。

西邹 371202-A02-H13

[Xīzōu]

在区驻地凤城街道北方向 7.2 千米。张家洼街道属自然村。人口 500。明初，邹姓迁此建村，以姓氏命名，后分为两村，该村居西，定名西邹家庄，新中国成立后称西邹。聚落呈团块状分布。有文化广场 1 个、幼儿园 1 所。经济以种植业为主。有公路经此。

东邹 371202-A02-H14

[Dōngzōu]

在区驻地凤城街道北方向 7.3 千米。张家洼街道属自然村。人口 1 200。明初，邹姓迁此建村，以姓氏命名，后分为两村，该村居东，定名东邹家庄，新中国成立后称东邹。聚落呈团块状分布。有文化广场 1 个、幼儿园 1 所。经济以种植业为主。有公路经此。

高庄 371202-A03-H01

[Gāozhuāng]

在区驻地凤城街道南方向 3.1 千米。高庄街道属自然村。人口 600。明成化年间，李姓迁此建村，因村在麻埠岭北的平坦高地上，故名高庄。聚落呈团块状分布。有文化广场 1 个、中学 1 所、幼儿园 1 所。经济以种植业为主，产小麦、玉米等作物。有公路经此。

西汶南 371202-A03-H02

[Xīwènnán]

在区驻地凤城街道南方向 6.2 千米。高庄街道属自然村。人口 2 000。明洪武年间，吴姓迁此建村，因村在汶河南岸，曾名汶南，后因重名改为西汶南。聚落呈团块状分布。有文化广场 1 个、幼儿园 1 所。经济以种植业为主，产生姜、玉米等农作物。有公路经此。

坡草洼 371202-A03-H03

[Pōcǎowā]

在区驻地凤城街道南方向 4.2 千米。高庄街道属自然村。人口 1 600。明嘉靖年间，亓姓在此建村，因村落依坡靠洼，故名坡草洼。聚落呈团块状分布。有文化广场 1 个、幼儿园 1 所。经济以种植业为主，产生姜、玉米等农作物。有公路经此。

任家庄 371202-A03-H04

[Rénjiāzhuāng]

在区驻地凤城街道南方向 2.1 千米。高庄街道属自然村。人口 1 000。以姓氏命名。聚落呈团块状分布。有文化广场 1 个、幼儿园 1 所。经济以种植业为主，产生姜、玉米等农作物。有公路经此。

鄂庄 371202-A03-H05

[Èzhuāng]

在区驻地凤城街道南方向 3.3 千米。高庄街道属自然村。人口 2 900。明朝初年，滕姓迁此建村，相传村东有鄂王坟，故曾名鄂王庄，后简称鄂庄。聚落呈团块状分布。有文化广场 1 个、小学 1 所、幼儿园 1 所。经济以种植业、养殖业、木材加工为主。有公路经此。

羊庄　371202-A03-H06
[Yángzhuāng]

在区驻地凤城街道南方向 7.4 千米。高庄街道属自然村。人口 1 000。始建村无考，相传因村旁有西晋名将羊祜流寓，故名羊庄。聚落呈团块状分布。有文化广场 1 个、幼儿园 1 所。经济以种植业为主，产姜、玉米等农作物。有公路经此。

东汶南　371202-A03-H07
[Dōngwènnán]

在区驻地凤城街道南方向 7.3 千米。高庄街道属自然村。人口 1 800。明朝初年，亓姓迁此建村，因村在汶河南岸，取名汶南，后因重名且此村居东，故名东汶南。聚落呈团块状分布。有文化广场 1 个、幼儿园 1 所。经济以种植业为主，产姜、玉米等农作物。有公路经此。

南十里河　371202-A03-H08
[Nánshílǐhé]

在区驻地凤城街道南方向 6.2 千米。高庄街道属自然村。人口 700。明天启年间，刘姓迁此建村，村中新甫河河床断层渗漏，至村北复出，俗称石漏河，借以名村。因重名，改称南十漏河。后人厌其不雅，改称南十里河。聚落呈团块状分布。有文化广场 1 个、幼儿园 1 所。经济以种植业为主，产玉米、小麦等农作物。有公路经此。

曹家庄　371202-A03-H09
[Cáojiāzhuāng]

在区驻地凤城街道南方向 3.1 千米。高庄街道属自然村。人口 700。以姓氏命名。聚落呈团块状分布。有文化广场 1 个、幼儿园 1 所。经济以种植业为主，产蔬菜、玉米等农作物。有公路经此。

劝礼　371202-A03-H10
[Quànlǐ]

在区驻地凤城街道南方向 7.4 千米。高庄街道属自然村。人口 1 200。明成化年间，亓姓建村，因四周是黄土岭，曾名圈里。后人厌其不雅，清朝时改称劝礼。聚落呈团块状分布。有文化广场 1 个、幼儿园 1 所。经济以种植业为主，产玉米、小麦等农作物。有公路经此。

塔子　371202-A03-H11
[Tǎzi]

在区驻地凤城街道南方向 6.6 千米。高庄街道属自然村。人口 900。明嘉靖年间，亓姓由羊庄迁此建村。村西有莱芜八景之一的"苍峡雷鸣"，原有石座砖砌六级古塔，名压蛇塔，故村名塔子。聚落呈团块状分布。有 709 小三线纪念馆，文化广场 1 个、小学 1 所。经济以种植业为主，产玉米、小麦等农作物。有公路经此。

鲁家庄　371202-A03-H12
[Lǔjiāzhuāng]

在区驻地凤城街道南方向 8.2 千米。高庄街道属自然村。人口 400。以姓氏命名。聚落呈团块状分布。有文化广场 1 个、幼儿园 1 所。经济以种植业为主，产玉米、小麦等农作物。有公路经此。

团山　371202-A03-H13
[Tuánshān]

在区驻地凤城街道南方向 10.5 千米。高庄街道属自然村。人口 1 100。明朝正德年间，亓姓迁此建村，因村在团山南麓，以山名村。聚落呈团块状分布。有文化广场 1 个、幼儿园 1 所。经济以种植业为主，产玉米、小麦等农作物。有公路经此。

野店 371202-A03-H14

［Yědiàn］

在区驻地凤城街道南方向 13.4 千米。高庄街道属自然村。人口 1 300。明洪武年间，田姓来此建村，于荒野开一小店，众称野店，久成村名。聚落呈团块状分布。有文化广场 1 个、小学 1 所、幼儿园 1 所。经济以种植业为主，产花椒、花生、玉米、小麦等农作物。有公路经此。

南冶 371202-A03-H15

［Nányě］

在区驻地凤城街道南方向 6.3 千米。高庄街道属自然村。人口 1 000。明朝末年，吴姓迁此建村。村北有古冶铁遗址，系宋莱芜监十八冶之一，故以"冶"字名村，为与北冶相区别，称南冶。聚落呈团块状分布。有文化广场 1 个、中学 1 所、小学 1 所、幼儿园 1 所。经济以煤矿、机械制造业、种植业为主，产玉米、小麦等农作物。有公路经此。

安仙 371202-A03-H16

［Ānxiān］

在区驻地凤城街道南方向 3.1 千米。高庄街道属自然村。人口 2 500。据传，周人安期生在此修炼成仙，故名安仙。聚落呈团块状分布。有文化广场 1 个、幼儿园 1 所。经济以编织、钢球生产、建筑、种植业为主，产玉米、小麦等农作物。有公路经此。

刘家林 371202-A03-H17

［Liújiālín］

在区驻地凤城街道南方向 13.2 千米。高庄街道属自然村。人口 600。清顺治年间，邱姓建村，因址原系刘氏墓地，故名刘家林。聚落呈团块状分布。有莲花山景区、幼儿园 1 所。经济以种植业为主，产玉米、小麦等农作物。有公路经此。

北张家庄 371202-A04-H01

［Běizhāngjiāzhuāng］

在区驻地凤城街道东北方向 12.1 千米。鹏泉街道属自然村。人口 1 100。张姓早居于此，以姓名村为张家庄，因重名，加"北"字。聚落呈团块状。有综合文化中心 1 个。经济以种植业为主。有公路经此。

大山 371202-A04-H02

［Dàshān］

在区驻地凤城街道东方向 9.2 千米。鹏泉街道属自然村。人口 700。明成化年间，刘姓迁此建村，因村东有山名大山，以山名村。聚落呈团块状。有综合文化中心 1 个。经济以种植业为主。有公路经此。

大石家庄 371202-A04-H03

［Dàshíjiāzhuāng］

在区驻地凤城街道东南方向 7.4 千米。鹏泉街道属自然村。人口 1 300。因村北有崖头子岭像巨石卧地，故取名大石家庄。聚落呈团块状。有综合文化中心 1 个、幼儿园 1 所。经济以种植业为主。有公路经此。

东龙崮 371202-A04-H04

［Dōnglónggù］

在区驻地凤城街道东北方向 11.3 千米。鹏泉街道属自然村。人口 900。村西有一座小山，山峰绵延起伏，其形似龙，故名龙山。因村在山的东面，故名东龙崮。聚落呈团块状。有综合文化中心 1 个、村史展示厅 1 个。经济以种植业为主，产花生、苹果。有公路经此。

东沈家庄 371202-A04-H05

［Dōngshěnjiāzhuāng］

在区驻地凤城街道东北方向 12.1 千米。

鹏泉街道属自然村。人口900。沈姓早居于此，以姓名村为沈家庄，因重名，改称东沈家庄。聚落呈团块状。有综合文化中心1个。经济以种植业为主。有公路经此。

瓜皮岭 371202-A04-H06
［Guāpílǐng］

在区驻地凤城街道北方向10.2千米。鹏泉街道属自然村。人口300。据《吕氏家谱》记载，吕、白、康姓在元朝末年建村，后有王、朱、李、柳在明洪武年间相继迁入，后康、白姓搬走。朱姓人口最多，将村命名为瓜皮岭。聚落呈团块状。有综合文化中心1个。经济以种植业为主。有公路经此。

官厂 371202-A04-H07
［Guānchǎng］

在区驻地凤城街道东南方向2.4千米。鹏泉街道属自然村。人口1 300。明洪武二年（1369），董氏迁此建村。此地旧时曾为官府的牧马场，故得官场之名。后取谐音改名官厂。聚落呈团块状。有综合文化中心1个、村史展室厅1个、儒学讲堂1处、幼儿园1所。经济以建材制造与销售、建筑、面粉生产与销售为主。205国道经此。

郭家沟 371202-A04-H08
［Guōjiāgōu］

在区驻地凤城街道东方向10.9千米。鹏泉街道属自然村。人口1 000。明洪武年间，郭姓迁此建村，因村址在沟内，故名郭家沟。聚落呈团块状。有文体广场1个、图书室1个，有省级非物质文化遗产烟香花生油制作技艺。经济以旅游业、种植业为主，有山东山歌食品科技有限公司。有公路经此。

后宋 371202-A04-H09
［Hòusòng］

在区驻地凤城街道东北方向5.1千米。鹏泉街道属自然村。人口800。明嘉靖年间，宋姓建村，以姓名村为宋家庄。1958年以村中水沟为界分成两村，该村居北，故名后宋家庄，简称后宋。聚落呈团块状。有综合文化中心1个、幼儿园1所。经济以建材制造与销售、餐饮业为主。有公路经此。

近崮 371202-A04-H10
［Jìngù］

在区驻地凤城街道东北方向9.6千米。鹏泉街道属自然村。人口300。明初，刘姓迁此定居，因近崮子山，故名近崮。聚落呈团块状。有综合文化中心1个、雪藕观赏园。经济以种植业为主，主要种植藕、芹菜等。205国道经此。

孔家庄 371202-A04-H11
［Kǒngjiāzhuāng］

在区驻地凤城街道东方向9.4千米。鹏泉街道属自然村。人口1 000。以姓氏命名。聚落呈团块状。有综合文化中心1个、幼儿园1所、演出舞台1处。经济以种植业为主。有公路经此。

老鸦峪 371202-A04-H12
［Lǎoyāyù］

在区驻地凤城街道东方向7.6千米。鹏泉街道属自然村。人口1 000。清康熙年间，李姓建村，由于地处山峪之中，又相传战国时期有一名叫老鸹的大将曾在此占山为王，故名老鸹峪。因老鸹学名叫老鸦，后改称老鸦峪。聚落呈团块状。有综合文化中心1个。经济以种植业为主。有公路经此。

马龙崮 371202-A04-H13
［Mǎlónggù］

在区驻地凤城街道东北方向9.5千米。鹏泉街道属自然村。人口800。因村近龙崮山，马姓人家先在此居住，故名马龙崮。

聚落呈团块状。有综合文化中心1个。经济以种植业和服务业为主。有公路经此。

磨山子 371202-A04-H14
［Móshānzi］

在区驻地凤城街道东北方向11.7千米。鹏泉街道属自然村。人口400。村庄坐落在万福山脚下，因万福山出产的石磨远近闻名，俗称"产磨的山"，故名磨山子。聚落呈团块状。有综合文化中心1个、万福山博物馆。经济以种植业和服务业为主。有公路经此。

墨埠 371202-A04-H15
［Mòbù］

在区驻地凤城街道东北方向13.7千米。鹏泉街道属自然村。人口1 600。相传此地古为港口，村西北有墨山，由此得名墨埠。聚落呈团块状。有综合文化中心1个、幼儿园1所。经济以种植业为主，产小麦、玉米。有公路经此。

南龙崮 371202-A04-H16
［Nánlónggù］

在区驻地凤城街道东北方向11.0千米。鹏泉街道属自然村。人口400。明朝初年，陈姓迁此建村，因村在龙崮山南，故名南龙崮。聚落呈团块状。有综合文化中心1个、雪藕观赏园。经济以种植业为主，主产藕、芹菜等。205国道经此。

前宋 371202-A04-H17
［Qiánsòng］

在区驻地凤城街道东北方向4.5千米。鹏泉街道属自然村。人口600。曾名宋家庄，后更名为前宋村。聚落呈团块状。有综合文化中心1个、幼儿园1所。经济以机械、建材制造与销售为主。有公路经此。

秦家洼 371202-A04-H18
［Qínjiāwā］

在区驻地凤城街道东北方向7.3千米。鹏泉街道属自然村。人口1 100。明初，蔡姓迁此建村，因村址在红石岭旁，曾名红胡同村。清末，秦姓成为大户，又因村南是洼地，故更名为秦家洼。聚落呈团块状。有综合文化中心1个、幼儿园1所。经济以种植业为主。有公路经此。

小山 371202-A04-H19
［Xiǎoshān］

在区驻地凤城街道东北方向7.0千米。鹏泉街道属自然村。人口600。明成化年间，刘姓迁此建村，因村东有一小山，故以山名村。聚落呈团块状。有综合文化中心1个。经济以种植业为主。有公路经此。

孝义楼 371202-A04-H20
［Xiàoyìlóu］

在区驻地凤城街道东北方向7.4千米。鹏泉街道属自然村。人口900。明初，刘姓迁此建村，立村后建一小楼，取忠孝仁义之意，名孝义楼。村随楼名，故名。聚落呈团块状。有综合文化中心1个。有非物质文化遗产宝葫芦的传说。经济以种植业为主。有公路经此。

兴隆庄 371202-A04-H21
［Xīnglóngzhuāng］

在区驻地凤城街道东南方向8.6千米。鹏泉街道属自然村。人口1 300。因旧属牟子城的粮仓，故曾名卸米庄，后演变为斜里庄。后因村庄繁荣昌盛，人丁兴旺，清光绪年间改称兴隆庄。聚落呈团块状。有综合文化中心1个。经济以种植业为主。有公路经此。

中和 371202-A04-H22
[Zhōnghé]

在区驻地凤城街道东北方向 4.0 千米。鹏泉街道属自然村。人口 700。明成化年间，王姓迁此建村，以姓名村为王家庄。因重名，改称中和寨。1983 年更名为中和。聚落呈团块状。有综合文化中心 1 个。经济以奇石销售、建材制造与销售为主。辛泰铁路经此。

邹家埠 371202-A04-H23
[Zōujiābù]

在区驻地凤城街道东北方向 9.5 千米。鹏泉街道属自然村。人口 500。以姓氏命名。聚落呈团块状。有综合文化中心 1 个、幼儿园 1 所。经济以种植业为主。有乡村公路经此。

柳龙崮 371202-A04-H24
[Liǔlónggù]

在区驻地凤城街道东北方向 10.0 千米。鹏泉街道属自然村。人口 1 300。明末，柳姓建村，因处龙崮山西侧，名柳家龙崮，简称柳龙崮。聚落呈团块状。有综合文化中心 1 个。经济以种植业为主，产花生。辛泰铁路、博莱高速公路经此。

口镇北街 371202-B01-H01
[Kǒuzhènběijiē]

口镇人民政府驻地。在区驻地凤城街道北方向 14.4 千米。人口 8 100。此处古为进山、出山的隘口，俗称口子、口子街。清咸丰年间，口子街筑石寨，以寨中隔首为界，分为东、西、南、北四街，该村由此得名口镇北街。聚落呈团块状分布。有文化广场 1 个、中学 1 所、小学 1 所、幼儿园 1 所。有"火流星"等传统民间艺术、省级非物质文化遗产莱芜口镇南肠传统制作技艺。经济以种植业为主，产生姜、大蒜等农作物，有口镇香肠、口镇咸菜等土特产品，建材、铸造、机械制造等产业。有公路经此。

官水河 371202-B01-H02
[Guānshuǐhé]

在区驻地凤城街道北方向 15.6 千米。口镇辖自然村。人口 1 100。据记载，该村曾名芦庄河，后因官姓迁此，改称官水河。聚落呈团块状分布。有文化广场 1 个、幼儿园 1 所。经济以种植业为主，产玉米、大蒜等农作物。有公路经此。

江水 371202-B01-H03
[Jiāngshuǐ]

在区驻地凤城街道北方向 21.5 千米。口镇辖自然村。人口 3 300。相传隋唐时有一年大旱，李世民领军经过此处，见一水沟内有泉流出，喝后香甜可口、沁人心肺，因村无名，村中人以做豆腐为生，故封为"浆水村"，后演变成"江水村"。聚落呈团块状分布。有文化广场 1 个、幼儿园 1 所。经济以种植业为主，产玉米、大蒜等农作物。有公路经此。

花水泉 371202-B01-H04
[Huāshuǐquán]

在区驻地凤城街道北方向 12.1 千米。口镇辖自然村。人口 400。明朝初年，崔、李两姓迁此建村。因村西有泉，喷涌冒水花，故名花水泉。聚落呈团块状分布。有文化广场 1 个、幼儿园 1 所。经济以种植业为主，产玉米、大蒜等农作物。有公路经此。

港里 371202-B01-H05
[Gǎnglǐ]

在区驻地凤城街道北方向 12.3 千米。口镇辖自然村。人口 3 100。春秋时期，孔子及弟子曾来此传道讲礼，人们为了纪念孔子，在孔子讲礼的地方建立了一座孔子讲礼碑，并把该村命名为讲礼庄，后演称港里村。聚落呈团块状分布。有文化广场1个、幼儿园1所。经济以种植业为主，产玉米、大蒜等农作物。有公路经此。

藕池 371202-B01-H06
[Ǒuchí]

在区驻地凤城街道北方向9.3千米。口镇辖自然村。人口300。因村西水流九折似龙，有九折回头望宝泉之说，故曾名九龙镇。后因村南有一池塘养藕，故改名藕池村。聚落呈团块状分布。有文化广场1个、幼儿园1所。经济以种植业为主，产玉米、大蒜等农作物。有公路经此。

栖龙湾 371202-B01-H07
[Qīlóngwān]

在区驻地凤城街道北方向19.2千米。口镇辖自然村。人口300。此村位于山坳之土脊上，该土脊称为龙脊，"龙尾"处有一旺泉，故名栖龙湾。聚落呈团块状分布。有文化广场1个、幼儿园1所。经济以种植业为主，产玉米、大蒜等农作物。有公路经此。

青石桥 371202-B01-H08
[Qīngshíqiáo]

在区驻地凤城街道北方向18.6千米。口镇辖自然村。人口900。清道光三十年（1850），在村南小河修正圆三孔石洞桥一座，因桥墩、桥面、桥拱、桥栏全由青石筑成，故名青石桥，村以桥名。聚落呈团块状分布。有文化广场1个、幼儿园1所。经济以种植业为主，产玉米、大蒜等农作物。有公路经此。

桃花 371202-B01-H09
[Táohuā]

在区驻地凤城街道北方向19.2千米。口镇辖自然村。人口500。该村建村时正值山峪中桃花盛开，故名桃花峪。因重名，1982年改称桃花村。聚落呈团块状分布。有文化广场1个、幼儿园1所。经济以种植业为主，产玉米、大蒜等农作物。有公路经此。

太平 371202-B01-H10
[Tàipíng]

在区驻地凤城街道北方向13.3千米。口镇辖自然村。人口2 700。因村旁有大沙湾，曾名沙湾庄，后因遭受匪患、水患侵袭，明朝前叶改为太平村。聚落呈团块状分布。有文化广场1个、幼儿园1所。经济以种植业为主，产玉米、大蒜等农作物。有公路经此。

田庄 371202-B01-H11
[Tiánzhuāng]

在区驻地凤城街道北方向11.2千米。口镇辖自然村。人口800。以姓氏命名。聚落呈团块状分布。有文化广场1个、幼儿园1所。经济以种植业为主，产玉米、大蒜等农作物。有公路经此。

王家楼 371202-B01-H12
[Wángjiālóu]

在区驻地凤城街道北方向9.1千米。口镇辖自然村。人口800。古时王氏在村东建一石楼，故名王家楼。聚落呈团块状分布。有文化广场1个、幼儿园1所。经济以种植业为主，产玉米、大蒜等农作物。有公路经此。

下水河 371202-B01-H13
[Xiàshuǐhé]

在区驻地凤城街道北方向 14.0 千米。口镇辖自然村。人口 1 700。明初，郑姓迁此建村，因村北有一条小河，该村位于小河下游，故名下水河。聚落呈团块状分布。有文化广场 1 个、幼儿园 1 所。经济以种植业为主，产玉米、大蒜等农作物。有公路经此。

小冶 371202-B01-H14
[Xiǎoyě]

在区驻地凤城街道北方向 12.7 千米。口镇辖自然村。人口 1 300。相传宋时该村属莱芜监十八冶之石门冶，因冶炼规模较小，故名小冶。聚落呈团块状分布。有文化广场 1 个、幼儿园 1 所。经济以种植业为主，产玉米、大蒜等农作物。有公路经此。

野槐峪 371202-B01-H15
[Yěhuáiyù]

在区驻地凤城街道北方向 21.6 千米。口镇辖自然村。人口 200。清嘉庆年间，张姓迁至此处，后李、景两姓人家迁入，取 3 户人家在此垦荒种地共同生活之意，起名约合峪，后又改村名为野槐峪。聚落呈团块状分布。有文化广场 1 个、幼儿园 1 所。经济以种植业为主，产玉米、大蒜等农作物。有公路经此。

羊里 371202-B02-H01
[Yánglǐ]

羊里镇人民政府驻地。在区驻地凤城街道西北方向 17.3 千米。人口 2 300。相传此为西晋名将羊祜封地，故名。聚落呈团块状分布。有文化广场 1 个、幼儿园 1 所、中学 1 所、小学 1 所。经济以种植业为主，产生姜、大蒜等农作物。有公路经此。

陈王石 371202-B02-H02
[Chénwángshí]

在区驻地凤城街道西北方向 18.2 千米。羊里镇辖自然村。人口 500。明朝末年，陈姓迁此建村，因附近有石王庙，冠以姓氏，定名陈家王石，后简化为陈王石。聚落呈团块状分布。有文化广场 1 个、幼儿园 1 所、中学 1 所、小学 1 所。经济以种植业为主，产生姜、大蒜等农作物。有公路经此。

城子县 371202-B02-H03
[Chéngzixiàn]

在区驻地凤城街道西北方向 16.1 千米。羊里镇辖自然村。人口 2 900。据《中国古今地名大辞典》记载，汉置，嬴县，唐省。古城在莱芜县西北四十里北汶水之北，俗名城子县，即故嬴城也，南宋时称长丰村。清初改称城子县村。聚落呈团块状分布。有国家级文物保护单位嬴城遗址。有文化广场 1 个、幼儿园 1 所。经济以种植业为主，产生姜、大蒜等农作物。有公路经此。

戴庄 371202-B02-H04
[Dàizhuāng]

在区驻地凤城街道西北方向 14.2 千米。羊里镇辖自然村。人口 1 900。以姓氏命名。聚落呈团块状分布。有文化广场 1 个、幼儿园 1 所。经济以种植业为主，产生姜、大蒜等农作物。有公路经此。

北傅家庄 371202-B02-H05
[Běifùjiāzhuāng]

在区驻地凤城街道西北方向 17.3 千米。羊里镇辖自然村。人口 1 500。明洪武年间，傅姓迁此建村，以姓名村。因重名，1982 年改称北傅家庄。聚落呈团块状分布。有文化广场 1 个、幼儿园 1 所。经济以种植业为主，产生姜、大蒜等农作物。有公路经此。

郭王石 371202-B02-H06
[Guōwángshí]

在区驻地凤城街道西北方向 20.5 千米。羊里镇辖自然村。人口 500。明洪武年间，郭姓迁此建村，因村旁有石王庙，冠以姓氏，故名郭王石。聚落呈团块状分布。有文化广场 1 个、幼儿园 1 所。经济以种植业为主，产生姜、大蒜等农作物。有公路经此。

孟家洼 371202-B02-H07
[Mèngjiāwā]

在区驻地凤城街道西北方向 19.3 千米。羊里镇辖自然村。人口 700。清朝中叶，孟姓建村，因地势低洼，冠以姓氏，故名孟家洼。聚落呈团块状分布。有文化广场 1 个、幼儿园 1 所。经济以种植业为主，产生姜、大蒜等农作物。有公路经此。

孟家中荣 371202-B02-H08
[Mèngjiāzhōngróng]

在区驻地凤城街道西北方向 15.1 千米。羊里镇辖自然村。人口 700。明洪武年间，孟姓迁此建村，因村旁有中庸庙，冠以姓氏，曾名孟家中庸，后谐音成孟家中荣。聚落呈团块状分布。有文化广场 1 个、幼儿园 1 所。经济以种植业为主，产生姜、大蒜等农作物。有公路经此。

南魏庄 371202-B02-H09
[Nánwèizhuāng]

在区驻地凤城街道西北方向 17.2 千米。羊里镇辖自然村。人口 700。明朝初年，魏姓建村，以姓冠村名，后因重名，改称南魏庄。聚落呈团块状分布。有文化广场 1 个、幼儿园 1 所。经济以种植业为主，产生姜、大蒜等农作物。有公路经此。

北三官庙 371202-B02-H10
[Běisānguānmiào]

在区驻地凤城街道西北方向 18.2 千米。羊里镇辖自然村。人口 1 700。有三兄弟迁居此处，他们乐于助人却不留姓名，乡亲们为了纪念他们，于是建庙立碑，并取名天官、地官、水官，从此以庙名村。又因莱芜境内有两个三官庙，该村居北，故 1982 年更名为北三官庙。聚落呈团块状分布。有文化广场 1 个、幼儿园 1 所。经济以种植业为主，产生姜、大蒜等农作物。有公路经此。

王王石 371202-B02-H11
[Wángwángshí]

在区驻地凤城街道西北方向 20.1 千米。羊里镇辖自然村。人口 900。明朝初年，王姓建村，因附近有王石庙，冠以姓氏，故名王王石。聚落呈团块状分布。有文化广场 1 个、幼儿园 1 所。经济以种植业为主，产生姜、大蒜等农作物。有公路经此。

辛兴东南 371202-B02-H12
[Xīnxīngdōngnán]

在区驻地凤城街道西北方向 14.9 千米。羊里镇辖自然村。人口 700。原名新兴庄，后人深感前辈创业艰辛，改称辛兴庄，后分为西北、东北、东南、西南四个村，该村位于东南角，故名。聚落呈团块状分布。有文化广场 1 个、幼儿园 1 所。经济以种植业为主，产生姜、大蒜等农作物。有公路经此。

辛兴西北 371202-B02-H13
[Xīnxīngxīběi]

在区驻地凤城街道西北方向 19.8 千米。羊里镇辖自然村。人口 800。原名新兴庄，后人深感前辈创业艰辛，改称辛兴庄，后分为西北、东北、东南、西南四个村，该村位于西北角，故名。聚落呈团块状分布。有文化广场1个、幼儿园1所。经济以种植业为主，产生姜、大蒜等农作物。有公路经此。

辛兴西南 371202-B02-H14
[Xīnxīngxīnán]

在区驻地凤城街道西北方向15.1千米。羊里镇辖自然村。人口900。原名新兴庄，后人深感前辈创业艰辛，改称辛兴庄，后分为西北、东北、东南、西南四个村，该村位于西南角，故名。聚落呈团块状分布。有文化广场1个、幼儿园1所。经济以种植业为主，产生姜、大蒜等农作物。有公路经此。

仓上 371202-B02-H15
[Cāngshàng]

在区驻地凤城街道西北方向15.2千米。羊里镇辖自然村。人口2 100。因此地古为屯粮之地得名。聚落呈团块状分布。有文化广场1个、幼儿园1所。经济以种植业为主，产生姜、大蒜等农作物。有公路经此。

贾家洼子 371202-B02-H16
[Jiǎjiāwāzi]

在区驻地凤城街道西北方向15.2千米。羊里镇辖自然村。人口700。因地势低洼、贾姓居多得名。聚落呈团块状分布。有文化广场1个、幼儿园1所。经济以种植业为主，产生姜、大蒜等农作物。有公路经此。

方下北街 371202-B03-H01
[Fāngxiàběijiē]

方下镇人民政府驻地。在区驻地凤城街道西北方向8.2千米。人口1 600。明洪武二年（1369），方姓迁此，原名方庄子，后因方姓建一厦屋，人称方厦，久成村名，后谐音成方下，后以东西道路分为南、北两村，此村在街北，故名。1989年分为两个行政村，该村为方下北街村。聚落呈团块状分布。有文化广场1个、幼儿园1所。经济以种植业为主，产蔬菜、玉米、小麦、大蒜等农作物。有公路经此。

方下南街 371202-B03-H02
[Fāngxiànánjiē]

在区驻地凤城街道西北方向8.3千米。方下镇辖自然村。人口1 600。明洪武二年（1369），方姓迁此，原名方庄子，后因方姓建一厦屋，人称方厦，久成村名，后谐音成方下，后以东西道路分为南、北两村，此村在街南，故名。聚落呈团块状分布。有文化广场1个、幼儿园1所。经济以种植业为主，产玉米、小麦、大蒜等农作物。有公路经此。

大辛庄 371202-B03-H03
[Dàxīnzhuāng]

在区驻地凤城街道西方向11.2千米。方下镇辖自然村。人口1 300。据原三官村庙碑记载，元朝初年刘姓居此，始建村无考。明嘉靖年间，名新庄，后谐音成辛庄。1933年分为东西两村，该村为大辛庄。聚落呈团块状分布。有文化广场1个、幼儿园1所。经济以种植业为主，产玉米、小麦、大蒜等农作物。有公路经此。

安家台子 371202-B03-H04
[Ānjiātáizi]

在区驻地凤城街道西北方向6.1千米。方下镇辖自然村。人口1 200。明朝万历年间，安姓建村，因地势较高，冠以姓氏，故名安家台子。聚落呈团块状分布。有文化广场1个、幼儿园1所。经济以种植业为主，产蔬菜、大蒜、玉米、小麦等农作物。有公路经此。

陈家义 371202-B03-H05
[Chénjiāyì]

在区驻地凤城街道西北方向 11.2 千米。方下镇辖自然村。人口 800。清雍正元年（1723），陈家寨族人迁此定居，村东有义和沟，冠以姓氏，曾名陈家义和沟，1982 年改称陈家义村。聚落呈团块状分布。村中有天主教教堂遗址。经济以种植业为主，产蔬菜、玉米、小麦等农作物。有公路经此。

方赵庄 371202-B03-H06
[Fāngzhàozhuāng]

在区驻地凤城街道西北方向 8.3 千米。方下镇辖自然村。人口 600。原为方家庄、赵家庄两个村，后村落扩大，形成一村，定名为方赵庄。聚落呈团块状分布。有文化广场 1 个、幼儿园 1 所。经济以种植业为主，产蔬菜、玉米、小麦等农作物。有公路经此。

丰登官庄 371202-B03-H07
[Fēngdēngguānzhuāng]

在区驻地凤城街道西北方向 14.1 千米。方下镇辖自然村。人口 700。原名来头官庄，后改称丰登官庄。聚落呈团块状分布。有文化广场 1 个、幼儿园 1 所。经济以种植业为主，产大蒜、玉米、小麦等农作物。有公路经此。

耿公清 371202-B03-H08
[Gěnggōngqīng]

在区驻地凤城街道西北方向 6.3 千米。方下镇辖自然村。人口 5 000。明洪武年间，耿、赵两姓先后迁此，因村东岭有古代矿坑，故称耿家矿坑，后改称耿公清。聚落呈团块状分布。有文化广场 1 个、幼儿园 1 所。经济以种植业为主，产蔬菜、大蒜、玉米、小麦等农作物。有公路经此。

沟头 371202-B03-H09
[Gōutóu]

在区驻地凤城街道西北方向 9.8 千米。方下镇辖自然村。人口 300。清乾隆四十六年（1781），李、王两姓由李封邱迁此建村，因村在一条沟的源头，故名沟头。聚落呈团块状分布。有文化广场 1 个、幼儿园 1 所。经济以种植业为主，产大蒜、玉米、小麦等农作物。有公路经此。

谷家台子 371202-B03-H10
[Gǔjiātáizi]

在区驻地凤城街道西北方向 5.2 千米。方下镇辖自然村。人口 1 100。明正德十年（1515），谷姓迁此建村，因村西原是大江，江东有钓鱼台，故称谷家台子村。聚落呈团块状分布。有文化广场 1 个、幼儿园 1 所。经济以种植业为主，产蔬菜、大蒜、玉米、小麦等农作物。有公路经此。

何家官庄 371202-B03-H11
[Héjiāguānzhuāng]

在区驻地凤城街道西北方向 14.1 千米。方下镇辖自然村。人口 1 200。据清康熙三年（1664）石碑记载，明万历元年（1573），王、谢、雪、靳、狄、扬姓约 200 余人由河北省枣强县迁此建村，取名大兴官庄。清康熙年间，何姓迁此，后为多户姓，故更名为何家官庄。聚落呈团块状分布。有文化广场 1 个、幼儿园 1 所。经济以种植业为主，产大蒜、玉米、小麦等农作物。有公路经此。

卢家庄 371202-B03-H12
[Lújiāzhuāng]

在区驻地凤城街道西方向 11.2 千米。方下镇辖自然村。人口 1 200。以姓氏命名。聚落呈团块状分布。有文化广场 1 个、幼儿园 1 所。村南有唐至宋代遗址。经济以种植业为主，产大蒜、玉米、小麦等农作物。莱泰高速公路经此。

鲁西 371202-B03-H13
[Lǔxī]

在区驻地凤城街道西方向 13.1 千米。方下镇辖自然村。人口 3 700。因村址在炼铁炉以西而得名炉西，后演化成鲁西。聚落呈团块状分布。有文化广场 1 个、幼儿园 1 所。有宋代冶铁遗址、文成书局等古迹。经济以种植业为主，产大蒜、玉米、小麦等农作物。莱泰高速公路经此。

乔家义 371202-B03-H14
[Qiáojiāyì]

在区驻地凤城街道西北方向 10.2 千米。方下镇辖自然村。人口 1 100。明朝乔姓迁此，渐成多户，因邻义和沟，称乔家义和沟。1949 年简称乔家义村。聚落呈团块状分布。有文化广场 1 个、幼儿园 1 所。经济以种植业为主，产大蒜、玉米、小麦等农作物。有公路经此。

沈家岭 371202-B03-H15
[Shěnjiālǐng]

在区驻地凤城街道西北方向 9.2 千米。方下镇辖自然村。人口 1 000。明朝前沈姓居此，因址在丘陵，冠以姓氏，故名沈家岭。聚落呈团块状分布。有文化广场 1 个、幼儿园 1 所。经济以种植业为主，产大蒜、蔬菜、玉米、小麦等农作物，有山东百伦纸业有限公司。有公路经此。

东牛泉 371202-B04-H01
[Dōngniúquán]

牛泉镇人民政府驻地。在区驻地凤城街道西方向 10.2 千米。人口 1 400。明洪武年间，鹿氏迁此建村。村东有泉，牧者每驱牛在此饮水，牛的数量会增加，村民认为有神牛与伍，泉由此得名牛王泉，借以名村。因重名，冠以东字，故名东牛王泉。1949 年后简称东牛泉。聚落呈团块状分布。有文化广场 1 个、幼儿园 1 所。村东有红军战士鹿正明墓。经济以种植业为主，产玉米、小麦、棉花等农作物，有土特产品鸡腿葱、"大红袍"花椒。有公路经此。

西牛泉 371202-B04-H02
[Xīniúquán]

在区驻地凤城街道西方向 10.9 千米。牛泉镇辖自然村。人口 1 100。明洪武年间，鹿氏迁此建村。村东有泉，牧者每驱牛在此饮水，牛的数量会增加，村民认为有神牛与伍，泉由此得名牛王泉，借以名村。因重名，冠以西字，故名西牛王泉。1949 年后简称西牛泉。聚落呈团块状分布。有文化广场 1 个、幼儿园 1 所。经济以种植业为主，产玉米、小麦、棉花等农作物。有公路经此。

南宫 371202-B04-H03
[Nángōng]

在区驻地凤城街道西方向 9.3 千米。牛泉镇辖自然村。人口 1 300。因村南有南宫寺，故名南宫。聚落呈团块状分布。有文化广场 1 个、幼儿园 1 所。经济以种植业为主，产玉米、小麦、棉花等农作物。有公路经此。

鹁鸽楼 371202-B04-H04
[Bógēlóu]

在区驻地凤城街道西南方向 12.1 千米。牛泉镇辖自然村。人口 1 300。明永乐年间，黄姓建村，村内有二层小楼，引鹁鸽入内并在此栖息繁衍，故取名鹁鸽楼。聚落呈团块状分布。经济以种植业为主，产玉米、小麦、柿子、花椒等农作物。有公路经此。

祥沟 371202-B04-H05
[Xiánggōu]

在区驻地凤城街道西南方向 14.2 千米。牛泉镇辖自然村。人口 900。唐僖宗时，黄巢战败，潜入此谷而死，村由此得名降寇，后改称祥沟。聚落呈团块状分布。有文化广场 1 个、幼儿园 1 所、小学 1 所。有唐槐、一步三眼井等遗迹。经济以种植业为主，产玉米、小麦、柿子、花椒等农作物。有公路经此。

圣井 371202-B04-H06
[Shèngjǐng]

在区驻地凤城街道西南方向 14.1 千米。牛泉镇辖自然村。人口 2 800。元朝末年，秦姓迁此建村，因缺水，村民择地打井，得旺水，溢于井口，由此得村名盛井，后演变为圣井。聚落呈团块状分布。有幼儿园 1 所、小学 1 所、中学 1 所。经济以种植业为主，产玉米、小麦、柿子、花椒等农作物。有公路经此。

吕家楼 371202-B04-H07
[Lǚjiālóu]

在区驻地凤城街道西南方向 11.4 千米。牛泉镇辖自然村。人口 1 100。明洪武三年（1370），吕氏迁此定居，后建有一座三层石楼，改村为吕家楼村。聚落呈团块状分布。有文化广场 1 个、幼儿园 1 所。经济以种植业为主，产玉米、小麦、柿子、花椒等农作物。有公路经此。

庞家庄 371202-B04-H08
[Pángjiāzhuāng]

在区驻地凤城街道西南方向 12.1 千米。牛泉镇辖自然村。人口 900。明洪武年间，郭姓迁此建村，名郭家园，后庞姓迁此并成为大户，改称庞家庄。聚落呈团块状分布。

有文化广场 1 个、幼儿园 1 所。有笔架山景区、王羲之碑林等古迹景点。经济以旅游业、种植业为主，产玉米、小麦、柿子、花椒等农作物。有公路经此。

八里沟 371202-B04-H09
[Bālǐgōu]

在区驻地凤城街道西南方向 8.1 千米。牛泉镇辖自然村。人口 2 500。因村西卧虎沟长约 8 里，以沟名村。聚落呈团块状分布。有文化广场 1 个、幼儿园 1 所。经济以种植业为主，产玉米、小麦、山药、土豆等农作物。有公路经此。

大荒峪 371202-B04-H10
[Dàhuāngyù]

在区驻地凤城街道西南方向 10.2 千米。牛泉镇辖自然村。人口 600。因村内一条大山峪荒草丛生，遂称大荒峪村。聚落呈团块状分布。有文化广场 1 个、幼儿园 1 所。经济以种植业为主，产玉米、小麦、山药、土豆等农作物。有公路经此。

东五斗 371202-B04-H11
[Dōngwǔdǒu]

在区驻地凤城街道西南方向 9.1 千米。牛泉镇辖自然村。人口 1 100。明崇祯年间，苗姓在此建村，因西邻西五斗村，以村名村，故名东五斗。聚落呈团块状分布。有文化广场 1 个、幼儿园 1 所。经济以种植业为主，产玉米、小麦、山药、土豆等农作物。有公路经此。

大庄 371202-B04-H12
[Dàzhuāng]

在区驻地凤城街道西南方向 16.4 千米。牛泉镇辖自然村。人口 1 800。明洪武三年（1370），王氏迁此建村，因村落较大，故名大庄。聚落呈团块状分布。有文化广场 1 个、幼儿园 1 所。经济以种植业为主，产玉米、小麦、大葱等农作物，有特色产品大庄土陶。有公路经此。

双泉 371202-B04-H13
[Shuāngquán]

在区驻地凤城街道西南方向 16.2 千米。牛泉镇辖自然村。人口 1 400。元代，卢、边两姓在此建村，边姓族人名"文"，卢姓族人名"武"，以文武双全的寓意命名。清乾隆年间，有一年天旱缺水，村民在村南、村北挖得两泉，四季不涸，又易名为双泉官庄，后简称双泉村。聚落呈团块状分布。有文化广场 1 个、幼儿园 1 所。经济以种植业为主，产玉米、小麦、大葱等农作物。有公路经此。

吴桥 371202-B04-H14
[Wúqiáo]

在区驻地凤城街道西南方向 18.1 千米。牛泉镇辖自然村。人口 200。村西有水沟一道，水沟上共有大小石桥 15 座，因吴为多户姓，故取名吴家桥村，后简称吴桥村。聚落呈团块状分布。有文化广场 1 个、幼儿园 1 所。经济以种植业为主，产玉米、小麦、大葱等农作物。有公路经此。

亓毛埠 371202-B04-H15
[Qímáobù]

在区驻地凤城街道西南方向 12.3 千米。牛泉镇辖自然村。人口 1 900。明建文年间，亓姓迁此建村，因邻村多以毛埠取名，以村名村，冠以姓氏，故名亓毛埠。聚落呈团块状分布。有文化广场 1 个、幼儿园 1 所。经济以种植业为主，产玉米、小麦、大葱等农作物。有公路经此。

毕毛埠 371202-B04-H16
[Bìmáobù]

在区驻地凤城街道西南方向 13.2 千米。牛泉镇辖自然村。人口 2 500。元朝末年，曹姓建村，因村址在杂草丛生的高台上，名曹毛埠。后毕姓人丁兴旺，成为大户，改称毕毛埠。聚落呈团块状分布。有文化广场 1 个、幼儿园 1 所。经济以种植业为主，产玉米、小麦、大葱等农作物。有公路经此。

南苗山 371202-B05-H01
[Nánmiáoshān]

苗山镇人民政府驻地。在区驻地凤城街道东北方向 20.1 千米。人口 3 000。因村东有山名苗山，以山名村，后分为南苗山、北苗山。聚落呈团块状分布。有幼儿园 1 所、小学 1 所、中学 1 所。经济以农作物种植和林果业为主，主产小麦、大豆、花生及苹果、山楂、葡萄等传统作物，特色作物有黄烟、丹参等。205 国道、滨莱高速公路经此。

南文字 371202-B05-H02
[Nánwénzì]

在区驻地凤城街道东北方向 23.2 千米。苗山镇辖自然村。人口 700。一说，因村址在汶河、淄河分水岭，曾名汶淄限，后演变成文字现。另一说，因村庄东西各有河流一条，向南流淌交汇于三元宫后的响水湾中；村北有小北山，山前有一宽阔的通道，故村庄象形于"文"字，取村名文字现，表示"文字出现之意"。1958 年改称南文字。聚落呈团块状分布。有文化广场 1 个、幼儿园 1 所、小学 1 所。经济以种植业为主，产小麦、大豆、花生等农作物。有公路经此。

常庄 371202-B05-H03

［Chángzhuāng］

在区驻地凤城街道东北方向 24.9 千米。苗山镇辖自然村。人口 1 500。唐朝初年，常姓来此建村，以姓名村，称常家庄，后简称为常庄。聚落呈团块状分布。有文化广场 1 个、幼儿园 1 所、小学 1 所。经济以种植业为主，产小麦、大豆、花生等农作物。有公路经此。

高塘 371202-B05-H04

［Gāotáng］

在区驻地凤城街道东北方向 23.8 千米。苗山镇辖自然村。人口 400。明朝末年，李姓迁此建村。因村址在一小河上游，水不能入田浇地，遂在高处筑一水塘，引水灌溉。故名高塘。聚落呈团块状分布。有文化广场 1 个。经济以种植业为主，产小麦、大豆、花生等农作物。有公路经此。

磨石峪 371202-B05-H05

［Móshíyù］

在区驻地凤城街道东北方向 20.2 千米。苗山镇辖自然村。人口 400。清乾隆三十一年（1766），孙氏来此建村，因村址在峪中，附近山石可加工成磨刀石，故名磨石峪。聚落呈团块状分布。有文化广场 1 个。经济以种植业为主，产小麦、大豆、花生等农作物。有公路经此。

桃园 371202-B05-H06

［Táoyuán］

在区驻地凤城街道东北方向 23.3 千米。苗山镇辖自然村。人口 300。明朝末年，魏氏迁此建村，因此处是杨家横村的桃园，故名。聚落呈团块状分布。有文化广场 1 个。经济以种植业为主，产小麦、大豆、花生等农作物。有公路经此。

西古德范 371202-B05-H07

［Xīgǔdéfàn］

在区驻地凤城街道东北方向 23.4 千米。苗山镇辖自然村。人口 500。明朝末年，韩氏祖韩有德以武力赶跑恶棍，故名村不得犯，后演变为古德范。该村位置居西，故叫西古德范村。聚落呈团块状分布。有文化广场 1 个、幼儿园 1 所。经济以种植业为主，产小麦、大豆、花生等农作物。有公路经此。

铜山 371202-B05-H08

［Tóngshān］

在区驻地凤城街道东北方向 15.0 千米。苗山镇辖自然村。人口 1 000。明朝初年，朱姓迁此，以姓名村。后因此处为古冶铜遗址，清中期改为铜冶店。1954 年取名铜山村社，后名铜山村。聚落呈团块状分布。有文化广场 1 个、幼儿园 1 所、小学 1 所、中学 1 所。经济以种植业为主，产小麦、大豆、花生等农作物。有公路经此。

杓山前 371202-B05-H09

［Sháoshānqián］

在区驻地凤城街道东北方向 18.1 千米。苗山镇辖自然村。人口 900。杓山前，明朝末年苏姓由苏上坡迁此建村，因址在杓山南麓，曾名杓阳，后改称杓山前。聚落呈团块状分布。有文化广场 1 个、幼儿园 1 所。经济以种植业为主，产小麦、大豆、花生等农作物。有公路经此。

东见马 371202-B05-H10

［Dōngjiànmǎ］

在区驻地凤城街道东北方向 17.1 千米。苗山镇辖自然村。人口 1 200。明朝初年，鉴姓迁此建村，因邻西见马，以村名村，冠以"东"字，故名东见马。聚落呈团块状分布。有文化广场 1 个、幼儿园 1 所。经济以种植业为主，产小麦、大豆、花生等农作物。有公路经此。

陡峪 371202-B05-H11
[Dǒuyù]

在区驻地凤城街道东北方向 18.8 千米。苗山镇辖自然村。人口 1 200。明洪武十八年 (1385)，李姓迁此建村。因村中有石桥，曾名青石桥。后因址在峪中，山高坡陡，改称陡峪。聚落呈团块状分布。有文化广场 1 个、幼儿园 1 所、小学 1 所。经济以种植业为主，产小麦、大豆、花生等农作物。有公路经此。

东杓山 371202-B05-H12
[Dōngsháoshān]

在区驻地凤城街道东北方向 21.2 千米。苗山镇辖自然村。人口 1 400。明洪武年间建村，因村址在杓山东麓，故名。聚落呈团块状分布。有文化广场 1 个。经济以种植业为主，产小麦、玉米、花生、地瓜等农作物。有公路经此。

漫道 371202-B05-H13
[Màndào]

在区驻地凤城街道东北方向 18.2 千米。苗山镇辖自然村。人口 700。明洪武六年（1373），李、张、赵三姓迁此建村。因地势平坦，村东有条小河，雨季大水漫溢于道，故名漫道。聚落呈团块状分布。有文化广场 1 个。经济以种植业为主，产小麦、大豆、花生等农作物。有公路经此。

五色崖 371202-B05-H14
[Wǔsèyá]

在区驻地凤城街道东北方向 21.6 千米。苗山镇辖自然村。人口 1 600。明洪武三年（1370）建村，因村西蟠龙山有五色石块，故得名五色崖。有文化广场 1 个、幼儿园 1 所、小学 1 所、中学 1 所。有古代石坊赵氏节孝坊。经济以种植业为主，产生姜、大蒜、花生、花椒等农作物，有林果种植。有公路经此。

西见马 371202-B05-H15
[Xījiànmǎ]

在区驻地凤城街道东北方向 17.2 千米。苗山镇辖自然村。人口 1 300。一说，相传宋朝时，有人称在此地见过柴王爷走失的宝马，因而取名见马；另一说，由鉴、马二姓在此建村，故称鉴马，后演变为见马。后因小河所隔，该村在河西，为西见马。聚落呈团块状分布。有文化广场 1 个。经济以种植业为主，产小麦、大豆、花生等农作物。有公路经此。

大后坡 371202-B05-H16
[Dàhòupō]

在区驻地凤城街道东北方向 18.3 千米。苗山镇辖自然村。人口 600。原名兴隆庄，因在夹岭北麓，清初改称夹峪后坡，后简称为后坡。因重名，改为大后坡。聚落呈团块状分布。有文化广场 1 个。经济以种植业为主，产小麦、大豆、花生等农作物。有公路经此。

大漫子 371202-B05-H17
[Dàmànzi]

在区驻地凤城街道东北方向 17.5 千米。苗山镇辖自然村。人口 700。因村南有一条河，河水漫流，遂称漫子。因重名，故冠以"大"字。聚落呈团块状分布。有文化广场 1 个。经济以种植业为主，产小麦、大豆、花生等农作物。有公路经此。

上游 371202-B06-H01
［Shàngyóu］

雪野镇人民政府驻地。在区驻地凤城街道北方向 30.2 千米。人口 1 800。明代中叶，朱姓迁此建村，因地处嬴汶河上游，曾名上流庄，后演变为上游。聚落呈带状分布。有中小学 2 所。经济以种植业和服务业为主，上游大集是区域重要贸易网点。省道台莱公路、临仲公路经此。

娘娘庙 371202-B06-H02
［Niángniangmiào］

在区驻地凤城街道西北方向 36.3 千米。雪野镇辖自然村。人口 500。村原名邢王庄，后村内建一泰山奶奶庙，众称娘娘庙，久成村名。聚落呈带状分布。有文化广场 1 个。经济以种植业为主，产小麦、玉米等农作物。台莱公路、临仲公路经此。

东栾宫 371202-B06-H03
［Dōngluángōng］

在区驻地凤城街道西北方向 40.5 千米。雪野镇辖自然村。人口 1 500。据《宋氏谱》记载，明嘉靖年间宋姓由山口村迁此建村，因东邻北栾宫，以村名村，故名东栾宫。聚落呈带状分布。有文化广场 1 个，小学 1 所。经济以种植业为主，产小麦、玉米等农作物。有公路经此。

王老 371202-B06-H04
［Wánglǎo］

在区驻地凤城街道西北方向 37.2 千米。雪野镇辖自然村。人口 600。相传黄巢起义时有一王子死于此，众称此地为王老，借以名村。聚落呈带状分布。有文化广场 1 个。经济以种植业为主，产小麦、玉米等农作物。有公路经此。

大厂 371202-B06-H05
［Dàchǎng］

在区驻地凤城街道西北方向 40.2 千米。雪野镇辖自然村。人口 1 300。此地林木茂密，村民以烧木炭为生，曾名大木厂，后简化为大厂。聚落呈带状分布。有文化广场 1 个、幼儿园 1 所、小学 1 所。经济以种植业为主，产小麦、玉米等农作物。有公路经此。

吕祖泉 371202-B06-H06
［Lǚzǔquán］

在区驻地凤城街道西北方向 35.3 千米。雪野镇辖自然村。人口 1 400。因此地缺水，相传吕洞宾云游到此地，点地为泉，故名吕祖泉。聚落呈带状分布。有文化广场 1 个、幼儿园 1 所、小学 1 所。经济以种植业为主，产小麦、玉米等农作物。有公路经此。

南栾宫 371202-B06-H07
［Nánluángōng］

在区驻地凤城街道西北方向 40.5 千米。雪野镇辖自然村。人口 2 200。因村原址在北栾宫南，以村名村，故名南栾宫村。聚落呈带状分布。有文化广场 1 个、幼儿园 1 所、小学 1 所。经济以种植业为主，产小麦、玉米等农作物。有公路经此。

花峪 371202-B06-H08
［Huāyù］

在区驻地凤城街道西北方向 30.6 千米。雪野镇辖自然村。人口 1 400。该村西面有一大山沟，满是桃树，春季一到，花开遍地，故曾名桃花峪。后村中各处又种植其他果树，花开时节，整个村庄被包围在花丛之中，故名花峪。聚落呈带状分布。有文化广场 1 个、幼儿园 1 所、小学 1 所。经济以种植业为主，产小麦、玉米等农作物。有公路经此。

小楼 371202-B06-H09
[Xiǎolóu]

在区驻地凤城街道北方向 30.2 千米。雪野镇辖自然村。人口 500。明朝中叶，李姓迁此建村，因四面环山，形状如篓，由此得名小篓，因谐音称小楼。聚落呈带状分布。有文化广场 1 个。经济以种植业为主，产小麦、玉米等农作物。有公路经此。

西站里 371202-B06-H10
[Xīzhànlǐ]

在区驻地凤城街道西北方向 30.3 千米。雪野镇辖自然村。人口 600。相传古时此处曾设驿站，故曾名站里。1959 年站里村分成两村，该村重建在水库以西，故名西站里。聚落呈带状分布。有文化广场 1 个、幼儿园 1 所。经济以种植业为主，产小麦、玉米等农作物。有公路经此。

雪野 371202-B06-H11
[Xuěyě]

在区驻地凤城街道西北方向 24.4 千米。雪野镇辖自然村。人口 1 300。元朝郇、谢等姓居此，原名薛野。清乾隆五十一年（1786）夏，水患毁村，整修时挖出一泉和石碑，上刻"雪花泉"三字，故改称雪野。聚落呈带状分布。有文化广场 1 个、幼儿园 1 所、小学 1 所、中学 1 所。经济以种植业为主，产小麦、玉米等农作物。有公路经此。

南白座 371202-B06-H12
[Nánbáizuò]

在区驻地凤城街道西北方向 26.7 千米。雪野镇辖自然村。人口 700。明永乐年间，张姓迁此建村，因北邻北白座，以村名村，故名南白座。聚落呈带状分布。有文化广场 1 个。经济以种植业为主，产小麦、玉米等农作物。有公路经此。

北白座 371202-B06-H13
[Běibáizuò]

在区驻地凤城街道西北方向 19.2 千米。雪野镇辖自然村。人口 1 300。村原名黄楼座子，因山峪中遍生白草，改称白草峪，后演化成白座峪。因重名，该村居北，故称北白座。聚落呈带状分布。有文化广场 1 个、幼儿园 1 所。经济以种植业为主，产小麦、玉米等农作物。有公路经此。

鹿野 371202-B06-H14
[Lùyě]

在区驻地凤城街道西北方向 38.2 千米。雪野镇辖自然村。人口 100。因建村时常有鹿群栖息，曾名鹿舍，后改称鹿野。聚落呈带状分布。有文化广场 1 个。经济以种植业为主，产小麦、玉米等农作物。有公路经此。

房干 371202-B06-H15
[Fánggàn]

在区驻地凤城街道西北方向 41.4 千米。雪野镇辖自然村。人口 600。因村址在山峪中，曾名房屋峪。抗日战争时期，时有干部驻此开展工作，后改称房干。聚落呈带状分布。有文化广场 1 个。经济以旅游业为主，有国家 4A 级旅游景区房干生态旅游区。有公路经此。

孤山 371202-B07-H01
[Gūshāng]

大王庄镇人民政府驻地。在区驻地凤城街道西北方向 25.8 千米。人口 1 600。明初，魏姓迁此建村，因村址在上崮河、王庄河之间，村北有孤山，故曾名二龙山。为求太平，曾改称太平庄。后易名孤山。聚落呈团块状分布。有大王庄镇中学。经济以种植业为主，产生姜和大蒜。枣徐公路经此。

王石门 371202-B07-H02

[Wángshímén]

在区驻地凤城街道西北方向 32.4 千米。大王庄镇辖自然村。人口 200。明朝末年，王姓迁此建村，因以放牧为生，俗称王氏牧场，久成村名，后来演变为王石门场。2001 年后，改称王石门。聚落呈团块状分布。有文化广场 1 个。经济以旅游业为主，有 3A 级景区王石门景区。有公路经此。

石屋子 371202-B07-H03

[Shíwūzi]

在区驻地凤城街道西北方向 31.6 千米。大王庄镇辖自然村。人口 200。明朝末年，张姓兄弟二人迁此分建两村，因此处有天然石棚，故居上的名为上石屋子，居下的称下石屋子，合称石屋子。聚落呈团块状分布。有文化广场 1 个、幼儿园 1 所。经济以种植业为主，产生姜和大蒜。有公路经此。

高家庄 371202-B07-H04

[Gāojiāzhuāng]

在区驻地凤城街道西北方向 33.4 千米处。大王庄镇辖自然村。人口 200。以姓氏命名。聚落呈团块状分布。有文化广场 1 个、幼儿园 1 所。经济以种植业为主，产生姜和大蒜。有公路经此。

豆腐石 371202-B07-H05

[Dòufushí]

在区驻地凤城街道西北方向 30.6 千米。大王庄镇辖自然村。人口 400。明嘉靖年间，朱姓在此建村，因村西有约 4 立方米的豆腐状天然石块，石上落土生草，犹如浇在豆腐上的沾水，故以豆腐石定村名。聚落呈团块状分布。有文化广场 1 个、幼儿园

1 所。经济以种植业为主，产生姜和大蒜。有公路经此。

竹园子 371202-B07-H06

[Zhúyuánzi]

在区驻地凤城街道西北方向 35.5 千米。大王庄镇辖自然村。人口 400。明朝末年，张姓迁此建村，因村旁野竹遍生，故名。聚落呈团块状分布。有文化广场 1 个、幼儿园 1 所。经济以种植业为主，产生姜和大蒜。有公路经此。

苏家庄 371202-B07-H07

[Sūjiāzhuāng]

在区驻地凤城街道西北方向 34.1 千米。大王庄镇辖自然村。人口 500。清初，田姓迁此建村，后苏姓迁来，因苏姓居多，故名苏家庄。聚落呈团块状分布。有文化广场 1 个、幼儿园 1 所。经济以种植业为主，产生姜和大蒜。有公路经此。

造甲峪 371202-B07-H08

[Zàojiǎyù]

在区驻地凤城街道西北方向 28.1 千米。大王庄镇辖自然村。人口 400。原村名叫刘家槐，唐朝末年，黄巢起义军曾在此建炉炼铁、铸造盔甲，后改称造甲峪。聚落呈团块状分布。有文化广场 1 个、幼儿园 1 所。村西有唐代造甲遗址，出土有铁硫砟、铜硫砟、铁、铜质小型器物和钱范。黄巢崮山顶一石上有黄巢起义时的旗杆穴。经济以种植业为主，产生姜和大蒜。有公路经此。

里二十 371202-B07-H09

[Lǐ'èrshí]

在区驻地凤城街道西北方向 29.5 千米。大王庄镇辖自然村。人口 100。清末，姜姓从今寨里镇公王庄迁来定居，因与公王庄相距 20 华里，为怀念故里，将原村名栗子

石改称里二十。聚落呈团块状分布。有文化广场1个、幼儿园1所。经济以种植业为主，产生姜和大蒜。有公路经此。

程家庄 371202-B07-H10
［Chéngjiāzhuāng］

在区驻地凤城街道西北方向34.2千米。大王庄镇辖自然村。人口600。以姓氏命名。聚落呈团块状分布。有文化广场1个、幼儿园1所。经济以种植业为主，产生姜和大蒜。有公路经此。

瓜屋子 371202-B07-H11
［Guāwūzi］

在区驻地凤城街道西北方向30.2千米。大王庄镇辖自然村。人口700。据传村西半山坡有两块瓜形石头，且先来此垦荒种田者盖有屋子，故根据瓜形石头和屋子取名为瓜屋子。聚落呈团块状分布。有文化广场1个、幼儿园1所。经济以种植业为主，产生姜和大蒜。有公路经此。

黄路湾 371202-B07-H12
［Huánglùwān］

在区驻地凤城街道西北方向30.6千米。大王庄镇辖自然村。人口400。明朝末年，张俊昇迁此建村，因村前有湾，常有黄鹭在此栖息，故名黄鹭湾。聚落呈团块状分布。有文化广场1个、幼儿园1所。经济以种植业为主，产生姜和大蒜。有公路经此。

龙亭峪 371202-B07-H13
［Lóngtíngyù］

在区驻地凤城街道西北方向24.4千米。大王庄镇辖自然村。人口200。民国初年，陈姓迁此建村，因三面环山，曾名山下村。因村东有河弯曲如龙，水流至白龙潭，潭左有龙王庙，故1940年更名为龙亭峪村。聚落呈团块状分布。有文化广场1个、幼

儿园1所。经济以种植业为主，产生姜和大蒜。有公路经此。

张家庄 371202-B07-H14
［Zhāngjiāzhuāng］

在区驻地凤城街道西北方向36.8千米。大王庄镇辖自然村。人口900。明嘉靖年间，亓姓迁此建村。因村东南河中有一块巨石，状如馒头，曾名馒头石。后张姓迁此，人丁兴旺，改称张家庄。聚落呈团块状分布。有文化广场1个、幼儿园1所。经济以种植业为主，产生姜和大蒜。有公路经此。

照嘴 371202-B07-H15
［Zhàozuǐ］

在区驻地凤城街道西北方向25.4千米。大王庄镇辖自然村。人口800。清顺治年间，景姓在此建村，因村东有石柱，顶部有凹如嘴，日出时阳光首先直射嘴部，故名照嘴。聚落呈团块状分布。有文化广场1个、幼儿园1所。经济以种植业为主，产生姜和大蒜。有公路经此。

独路 371202-B07-H16
［Dúlù］

在区驻地凤城街道西北方向35.6千米。大王庄镇辖自然村。人口900。因地处山区，北通章丘，只此一路，由此得名独路。聚落呈团块状分布。有文化广场1个、幼儿园1所。经济以种植业为主，产生姜和大蒜。有公路经此。

寨里西村 371202-B08-H01
［Zhàilǐxīcūn］

寨里镇人民政府驻地。在区驻地凤城街道西北方向18.5千米。人口2 700。据出土《重建金堂禅寺之记》石碑记载，元朝初年，镇国军都元帅刘瑀在此安营扎寨，故名寨里，沿用至今。后分为寨里东村、

寨里西村、寨里南村三个行政村，此村为西村。有莱芜市第五中学、寨里镇第二中学、寨里镇中心幼儿园。经济以种植业和植桑养蚕为主，产生姜、大蒜。有公路经此。

刘大下 371202-B08-H02
[Liúdàxià]

在区驻地凤城街道西北方向 17.3 千米。寨里镇辖自然村。人口 900。明洪武二年（1369），刘姓迁此建村，相传一年大旱，数村联合起来到黑龙潭求雨，返回至附近村庄，巧遇大雨，为庆祝久旱得雨，取名大下。因重名，冠以姓氏，名刘家大下，后简称刘大下。聚落呈团块状分布。有文化广场1个、幼儿园1所。经济以种植业为主，产生姜和大蒜。有公路经此。

水北东街 371202-B08-H03
[Shuǐběidōngjiē]

在区驻地凤城街道西北方向 20.6 千米。寨里镇辖自然村。人口 1 100。据玄武庙碑记载，唐贞观年间王姓建村，因址在嬴汶河北岸，曾名水北庄，后设集市，改称水北街，因址偏东，故名水北东街。聚落呈团块状分布。有文化广场1个、幼儿园1所。经济以种植业为主，产生姜和大蒜。有公路经此。

水北西街 371202-B08-H04
[Shuǐběixījiē]

在区驻地凤城街道西北方向 24.2 千米。寨里镇辖自然村。人口 1 200。据玄武庙碑记载，唐贞观年间，王姓建村，因址在嬴汶河北岸，曾名水北庄。后因位于西部，故名水北西街。聚落呈团块状分布。有文化广场1个、幼儿园1所。经济以种植业为主，产生姜和大蒜。有公路经此。

王大下 371202-B08-H05
[Wángdàxià]

在区驻地凤城街道西北方向 16.2 千米。寨里镇辖自然村。人口 2 300。明洪武年间，王姓迁此建村，相传一年大旱，数村联合到黑龙潭求雨，返回至附近村庄时巧遇大雨，为庆祝久旱得雨，取名大下。因重名，冠以姓氏，曾名王家大下，后简称王大下。聚落呈团块状分布。有文化广场1个、幼儿园1所。经济以种植业为主，产生姜和大蒜。有公路经此。

王围子 371202-B08-H06
[Wángwéizi]

在区驻地凤城街道西北方向 17.6 千米。寨里镇辖自然村。人口 1 100。明朝中叶，王姓迁此建村，因村址原为韭菜园子，曾名韭菜园子。清朝初年，为御匪患，绕村筑有围墙，改称王围子。聚落呈团块状分布。有文化广场1个、幼儿园1所。经济以种植业为主，产生姜和大蒜。有公路经此。

魏王许 371202-B08-H07
[Wèiwángxǔ]

在区驻地凤城街道西北方向 22.7 千米。寨里镇辖自然村。人口 600。明洪武年间，魏姓迁此建村，因邻村多以王许取名，以村名村，冠以姓氏，故名魏王许。聚落呈团块状分布。有文化广场1个、幼儿园1所。经济以种植业为主，产生姜和大蒜。有公路经此。

吴家洼 371202-B08-H08
[Wújiāwā]

在区驻地凤城街道西北方向 26.1 千米。寨里镇辖自然村。人口 700。明洪武年间，吴姓建村，因地势低洼，故名吴家洼。聚落呈团块状分布。有文化广场1个、幼儿园 1 所。经济以种植业为主，产生姜和大蒜。有公路经此。

小下　371202-B08-H09
[Xiǎoxià]

在区驻地凤城街道西北方向 23.4 千米。寨里镇辖自然村。人口 2 400。因村小，曾名小庄，清嘉庆年间易名高小庄。相传一年大旱，数村民众联合到黑龙潭抬龙王，祈求降雨，返至该村时，巧逢小雨，村民皆大喜，为庆祝久旱得雨，改称小下。聚落呈团块状分布。有文化广场 1 个、幼儿园 1 所。经济以种植业为主，产生姜和大蒜。有公路经此。

燕家汶　371202-B08-H10
[Yànjiāwèn]

在区驻地凤城街道西北方向 26.5 千米。寨里镇辖自然村。人口 400。因邻村多以“汶”字取名，以村名村，冠以姓氏，故名燕家汶。聚落呈团块状分布。有文化广场 1 个、幼儿园 1 所。经济以种植业为主，产生姜和大蒜。有公路经此。

寨里东村　371202-B08-H11
[Zhàilǐdōngcūn]

在区驻地凤城街道西北方向 18.4 千米。寨里镇辖自然村。人口 1 200。据出土《重建金堂禅寺之记》石碑记载，元朝初年，镇国军都元帅刘瑀东征时曾在此安营扎寨，由此得名刘元帅寨。明朝称旧寨保，清朝称旧寨镇，民国时期改称寨里。因处在寨里街东部，得名寨里东村。聚落呈团块状分布。有文化广场 1 个、幼儿园 1 所。经济以种植业为主，产生姜和大蒜。有公路经此。

寨里南村　371202-B08-H12
[Zhàilǐnáncūn]

在区驻地凤城街道西北方向 18.3 千米。寨里镇辖自然村。人口 1 200。据出土《重建金堂禅寺之记》石碑记载，元朝初年，镇国军都元帅刘瑀东征时曾在此安营扎寨，由此得名刘元帅寨。明朝称旧寨保，清朝称旧寨镇，民国时期改称寨里。因处在寨里街南部，得名寨里南。有文化广场 1 个、幼儿园 1 所。经济以种植业为主，产生姜和大蒜，三辣市场是莱芜最大的姜蒜购销点。有公路经此。

周家洼　371202-B08-H13
[Zhōujiāwā]

在区驻地凤城街道西北方向 26.6 千米。寨里镇辖自然村。人口 2 200。明朝洪武年间，周姓迁此建村，因地势低洼，冠以姓氏，故名周家洼。聚落呈团块状分布。有文化广场 1 个、幼儿园 1 所。经济以种植业为主，产生姜和大蒜。有公路经此。

大渔池　371202-B08-H14
[Dàyúchí]

在区驻地凤城街道西北方向 25.2 千米。寨里镇辖自然村。人口 1 700。原名新庄子，因村南有渔池泉，易名渔池。因重名，称大渔池。聚落呈团块状分布。有文化广场 1 个、幼儿园 1 所。经济以种植业为主，产生姜和大蒜。有公路经此。

北庵　371202-B08-H15
[Běi'ān]

在区驻地凤城街道西北方向 25.1 千米。寨里镇辖自然村。人口 600。清乾隆年间，村北有一尼姑庵，村西北有龙王庙，尼姑庵后有一清泉，常年流淌不止，因此定村名为青龙庵。因村在南河北岸，1949 年改称北庵。聚落呈团块状分布。有文化广场1个、幼儿园1所。经济以种植业为主，产生姜和大蒜。有公路经此。

韩王许 371202-B08-H16
[Hánwángxǔ]

在区驻地凤城街道西北方向21.3千米。寨里镇辖自然村。人口2 300。唐贞观前建村，王、许两姓居此，以姓名村王许，因位于周王许之南，故称前王许。后韩氏迁入，人丁兴旺，改称韩家王许。中华人民共和国成立后简称韩王许。聚落呈团块状分布。有文化广场1个、幼儿园1所。经济以种植业为主，产姜和大蒜。有公路经此。

杨庄 371202-B09-H01
[Yángzhuāng]

杨庄镇人民政府驻地。在区驻地凤城街道西北方向20.3千米。人口1 300。以姓氏命名。聚落呈团块状分布。有文化广场1个、幼儿园1所、小学1所。有兖州战役指挥所旧址。经济以种植业和食品加工业为主，产大蒜、玉米、小麦等农作物，有远洋果菜、隆兴食品等企业。辛泰铁路、枣徐铁路经此。

尹家庄 371202-B09-H02
[Yǐnjiāzhuāng]

在区驻地凤城街道西方向24.2千米。杨庄镇辖自然村。人口1 600。以姓氏命名。聚落呈团块状分布。有文化广场1个、幼儿园1所。经济以种植业为主，产大蒜、玉米、小麦等农作物。有公路经此。

营房 371202-B09-H03
[Yíngfáng]

在区驻地凤城街道西方向20.4千米。杨庄镇辖自然村。人口1 700。清初，军队驻此并建营房，撤走后，姜、黄二姓迁此居住，名营房村。聚落呈团块状分布。有文化广场1个、幼儿园1所。经济以种植业为主，产大蒜、玉米、小麦等农作物。有公路经此。

张家泉 371202-B09-H04
[Zhāngjiāquán]

在区驻地凤城街道西方向23.5千米。杨庄镇辖自然村。人口2 400。明洪武二年（1369），张氏迁此建村，因村南有一泉，冠以姓氏，名张家泉。聚落呈团块状分布。有文化广场1个、幼儿园1所。经济以种植业为主，产大蒜、玉米、小麦等农作物。有公路经此。

张里街 371202-B09-H05
[Zhānglǐjiē]

在区驻地凤城街道西方向25.3千米。杨庄镇辖自然村。人口1 100。原名张家楼，后村落扩大，设有集市，改称张里街。聚落呈团块状分布。有文化广场1个、幼儿园1所。经济以种植业为主，产大蒜、玉米、小麦等农作物。有公路经此。

镇武庙 371202-B09-H06
[Zhènwǔmiào]

在区驻地凤城街道西方向21.2千米。杨庄镇辖自然村。人口800。明洪武二年（1369），杨、亓二姓迁此建村，因村旁有镇武庙，以庙名村。聚落呈团块状分布。有文化广场1个、幼儿园1所。经济以种植业为主，产大蒜、玉米、小麦等农作物。有公路经此。

凤凰官庄 371202-B09-H07
[Fènghuángguānzhuāng]

在区驻地凤城街道西方向21.6千米。杨庄镇辖自然村。人口700。明朝初年，孟姓迁此建村，当时该地树木杂草丛生，相传有凤凰栖息，曾名凤凰岭子，后改称凤凰官庄。聚落呈团块状分布。有文化广场1个、幼儿园1所。经济以种植业为主，产玉米、小麦、大蒜等农作物。有公路经此。

高家店 371202-B09-H08
[Gāojiādiàn]

在区驻地凤城街道西方向20.5千米。杨庄镇辖自然村。人口1 900。明洪武年间，高姓迁此建村，以姓名村为高家庄。后高姓开一客店，生意兴隆，改称高家店。聚落呈团块状分布。有文化广场1个、幼儿园1所。经济以种植业为主，产玉米、小麦、大蒜等农作物。有公路经此。

巩家庄 371202-B09-H09
[Gǒngjiāzhuāng]

在区驻地凤城街道西方向22.6千米。杨庄镇辖自然村。人口600。以姓氏命名。聚落呈团块状分布。有文化广场1个、幼儿园1所。经济以种植业为主，产玉米、小麦、大蒜等农作物。有公路经此。

侯家洼 371202-B09-H10
[Hóujiāwā]

在区驻地凤城街道西方向20.7千米。杨庄镇辖自然村。人口1 500。侯姓迁此，因地势低洼，冠以姓氏，称侯家洼。聚落呈团块状分布。有文化广场1个、幼儿园1所。经济以种植业为主，产玉米、小麦、大蒜等农作物。有公路经此。

后郭庄 371202-B09-H11
[Hòuguōzhuāng]

在区驻地凤城街道西方向18.8千米，杨庄镇辖自然村。人口700。郭姓居于此，以姓名村为郭家庄。因重名，改称后郭庄。聚落呈团块状分布。有文化广场1个、幼儿园1所。经济以种植业为主，产玉米、

小麦、大蒜等农作物。有公路经此。

胡家宅 371202-B09-H12
[Hújiāzhái]

在区驻地凤城街道西方向16.6千米。杨庄镇辖自然村。人口1 400。明正统年间，胡姓迁此建村，因邻村多以官庄取名，冠以姓氏，曾名胡家官庄。后改称胡家宅。聚落呈团块状分布。有文化广场1个、幼儿园1所。经济以种植业为主，产玉米、小麦、大蒜等农作物。辛泰铁路经此。

冷家庄 371202-B09-H13
[Lěngjiāzhuāng]

在区驻地凤城街道西方向16.7千米。杨庄镇辖自然村。人口3 400。以姓氏命名。聚落呈团块状分布。有文化广场1个、幼儿园1所。经济以种植业为主，产玉米、小麦、大蒜等农作物。有公路经此。

马村 371202-B09-H14
[Mǎcūn]

在区驻地凤城街道西方向24.6千米。杨庄镇辖自然村。人口700。明末，马姓迁此建村，以姓名村为马家庄。因重名，1982年改称马村。聚落呈团块状分布。有文化广场1个、幼儿园1所。经济以种植业为主，产玉米、小麦、大蒜等农作物。有公路经此。

梅家官庄 371202-B09-H15
[Méijiāguānzhuāng]

在区驻地凤城街道西方向15.6千米。杨庄镇辖自然村。人口700。明朝年间，梅姓迁此建村，因邻村多以官庄取名，以村名村，冠以姓氏，故名。聚落呈团块状分布。有文化广场1个、幼儿园1所。经济以种植业为主，产玉米、小麦、大蒜等农作物。有公路经此。

孟家官庄 371202-B09-H16
［Mèngjiāguānzhuāng］

在区驻地凤城街道西方向 16.7 千米。杨庄镇辖自然村。人口 800。明万历年间名"兴旺"，清康熙时称兴旺官庄，清乾隆年间孟姓迁此，改称孟家官庄。聚落呈团块状分布。有文化广场 1 个、幼儿园 1 所。经济以种植业为主，产玉米、小麦、大蒜等农作物。有公路经此。

前郭庄 371202-B09-H17
［Qiánguōzhuāng］

在区驻地凤城街道西方向 18.4 千米。杨庄镇辖自然村。人口 1 800。郭姓居于此，以姓名村为郭家庄。因重名，改称前郭庄。聚落呈团块状分布。有文化广场 1 个、幼儿园 1 所。经济以种植业为主，产玉米、小麦、大蒜等农作物。有公路经此。

上马家泉 371202-B09-H18
［Shàngmǎjiāquán］

在区驻地凤城街道西方向 19.3 千米。杨庄镇辖自然村。人口 300。明洪武年间，马姓迁此建村，因村旁有泉，冠以姓氏，曾名马家泉，后改称上马家泉。聚落呈团块状分布。有文化广场 1 个、幼儿园 1 所。经济以种植业为主，产玉米、小麦、大蒜等农作物。有公路经此。

茶业口 371202-B10-H01
［Cháyèkǒu］

茶业口镇人民政府驻地。在区驻地凤城街道东北方向 43.5 千米。人口 600。明朝中叶建村，因址在茶芽河口，曾名茶芽口，后演变成茶业口。聚落呈带状分布。有小学 2 所。有省级文物保护单位刘俊林殉国处。经济以林果种植加工业为主，盛产樱桃、花椒等。省道临仲公路经此。

阁老 371202-B10-H02
［Gélǎo］

在区驻地凤城街道东北方向 55.6 千米。茶业口镇辖自然村。人口 1900。据说清朝时有一人，从该村随娘改嫁到别处，当了阁老后，曾来此村寻认，故此村改名阁老村。聚落呈带状分布。有文化广场 1 个、幼儿园 1 所。经济以种植业为主，产玉米、小麦等农作物。有公路经此。

卧铺 371202-B10-H03
［Wòpù］

在区驻地凤城街道东北方向 50.2 千米。茶业口镇辖自然村。人口 400。因村庄地势高，常被云雾覆盖，由此得名卧云铺，后简称卧铺。聚落呈带状分布。有文化广场 1 个、幼儿园 1 所。经济以种植业和旅游业为主，产玉米、小麦等农作物，有卧云铺景区。有公路经此。

李白杨 371202-B10-H04
［Lǐbáiyáng］

在区驻地凤城街道东北方向 48.2 千米。茶业口镇辖自然村。人口 800。因此地白杨树丛生，曾名上白杨。后李姓人丁兴旺成为多户，以姓氏命名，改称李白杨。聚落呈带状分布。有文化广场 1 个、幼儿园 1 所。经济以种植业为主，产玉米、小麦等农作物。有公路经此。

西圈 371202-B10-H05
［Xīquān］

在区驻地凤城街道东北方向 46.3 千米。茶业口镇辖自然村。人口 400。因村旁有山，小河环绕而过，曾名圈龙，后改称西圈里，1949 年后改为西圈。聚落呈带状分布。有文化广场 1 个、幼儿园 1 所。经济以种植业为主，产玉米、小麦等农作物。有公路经此。

上茶业 371202-B10-H06

[Shàngcháyè]

在区驻地凤城街道东北方向 46.3 千米。茶业口镇辖自然村。人口 1 200。清康熙元年（1662），郭姓迁此，因村北有山名茶芽，冠以姓氏，名郭茶芽，后改称上茶业。聚落呈带状分布。有文化广场 1 个、幼儿园 1 所。经济以种植业为主，产玉米、小麦等农作物。有公路经此。

上王庄 371202-B10-H07

[Shàngwángzhuāng]

在区驻地凤城街道东北方向 45.6 千米。茶业口镇辖自然村。人口 500。据范氏墓碑记载，明万历年间范姓建村。后王姓迁此，以姓名王庄，因址在章丘县北王庄以南，改称南王庄。1943 年分为两个村，该村居北，名上王庄。聚落呈带状分布。有文化广场 1 个、幼儿园 1 所。经济以种植业为主，产玉米、小麦等农作物。有公路经此。

潘家崖 371202-B10-H08

[Pānjiāyá]

在区驻地凤城街道东北方向 48.2 千米。茶业口镇辖自然村。人口 100。清乾隆年间，崔姓迁此建村，因盼望回老家，曾名盼家崖，后谐音成潘家崖。聚落呈带状分布。有文化广场 1 个、幼儿园 1 所。经济以种植业为主，产玉米、小麦等农作物。有公路经此。

曼里 371202-B10-H09

[Mànlǐ]

在区驻地凤城街道东北方向 45.4 千米。茶业口镇辖自然村。人口 200。清康熙末年，刘姓迁此建村，因址在鸣冠寨的漫山腰村处，曾名漫里，后演变成曼里。聚落呈带状分布。有文化广场 1 个、幼儿园 1 所。

经济以种植业为主，产玉米、小麦等农作物。有公路经此。

逯家岭 371202-B10-H10

[Lùjiālǐng]

在区驻地凤城街道东北方向 55.3 千米。茶业口镇辖自然村。人口 600。明永乐末年，逯姓迁此建村，因址在岭顶上，故名逯家岭。聚落呈带状分布。有文化广场 1 个、幼儿园 1 所。经济以种植业为主，产玉米、小麦等农作物。有公路经此。

吉山 371202-B10-H11

[Jíshān]

在区驻地凤城街道东北方向 32.6 千米处。茶业口镇辖自然村。人口 1 700。因村附近山上有野鸡栖息，曾名鸡山，后取吉祥之意称吉山，以山名村。聚落呈带状分布。有文化广场 1 个、幼儿园 1 所。经济以种植业为主，产玉米、小麦等农作物。有公路经此。

双山泉 371202-B10-H12

[Shuāngshānquán]

在区驻地凤城街道东北方向 50.3 千米。茶业口镇辖自然村。人口 1 100。原名崖下村，因重名，且两座南山脚下各有一泉，故改名双山泉村。聚落呈带状分布。有文化广场 1 个、幼儿园 1 所。经济以种植业为主，产玉米、小麦等农作物。有公路经此。

东圈 371202-B10-H13

[Dōngquān]

在区驻地凤城街道东北方向 50.5 千米。茶业口镇辖自然村。人口 400。明洪武二年（1369），王姓迁此建村，因址在小河转弯处，曾名圈里。因重名，改称东圈村。聚落呈带状分布。有文化广场 1 个、幼儿园 1 所。经济以种植业为主，产玉米、小麦等农作物。

有公路经此。

史家崖 371202-B10-H14
[Shǐjiāyá]

在区驻地凤城街道东北方向 50.8 千米。茶业口镇辖自然村。人口 500。据传，有一名大将带兵路过该村时，在一块高崖巨石上面卸甲休息，由此得村名卸甲崖。后因"卸甲"谐音通"卸家"二字，故更名为史家崖。聚落呈带状分布。有文化广场 1 个、幼儿园 1 所。经济以种植业为主，产玉米、小麦等农作物。有公路经此。

上宅科 371202-B10-H15
[Shàngzháikē]

在区驻地凤城街道东北方向 49.1 千米。茶业口镇辖自然村。人口 600。明永乐二年（1404），李姓迁此建村，认为此处是求取功名的风水宝地，遂取名宅科。因重名，改为上宅科。聚落呈带状分布。有文化广场 1 个、幼儿园 1 所。经济以种植业为主，产玉米、小麦等农作物。有公路经此。

北腰关 371202-B10-H16
[Běiyāoguān]

在区驻地凤城街道东北方向 38.2 千米。茶业口镇辖自然村。人口 200。据考证，唐朝时此地炼过钢，众称为窑钢，后来演化为腰关，借以名村，因重名，加"北"字，故名北腰关村。聚落呈带状分布。有文化广场 1 个、幼儿园 1 所。经济以种植业为主，产玉米、小麦等农作物。有公路经此。

上迷马镇 371202-B10-H17
[Shàngmímǎzhèn]

在区驻地凤城街道东北方向 35.7 千米。茶业口镇辖自然村。人口 300。一说，金兀术南侵时经此迷路，故称此地为迷马阵，后称村为迷马镇；另一说，黎、马两姓建

村于此，称黎马宅，后演变为迷马镇。因重名，改称上迷马镇。经济以种植业为主，产玉米、小麦等农作物。有公路经此。

南腰关 371202-B10-H18
[Nányāoguān]

在区驻地凤城街道东北方向 39.6 千米。茶业口镇辖自然村。人口 500。据考证，唐朝时此地炼过钢，众称为窑钢，后来演化为腰关，借以名村，加"南"字，故名南腰关村。聚落呈带状分布。有文化广场 1 个、幼儿园 1 所。经济以种植业为主，产玉米、小麦等农作物。有公路经此。

和庄 371202-B11-H01
[Hézhuāng]

和庄镇人民政府驻地。在区驻地凤城街道东北 27.2 千米。人口 1 900。宋代赵姓建村，因址在淄河北游，曾名河庄，后演变为和庄。有文化广场 1 个、幼儿园 1 所、小学 1 所、中学 1 所。经济以林果业和养殖业为支柱产业。205 国道和滨莱高速公路经此。

老姑峪 371202-B11-H02
[Lǎogūyù]

在区驻地凤城街道东北方向 40.3 千米。和庄镇辖自然村。人口 500。因村中一女为抚养两孤侄儿，终生未嫁，乡里建老姑庙供奉，且因村址在山峪中，称老姑峪。聚落呈团块状分布。有文化广场 1 个、幼儿园 1 所。经济以种植业为主，产玉米、小麦等农作物。有公路经此。

峨峪 371202-B11-H03
[Éyù]

在区驻地凤城街道东北方向 30.5 千米。和庄镇辖自然村。人口 600。明天启年间，焦姓迁此建村，因址在山峪中，周围群山

巍峨，故名峨峪。聚落呈团块状分布。有文化广场1个、幼儿园1所。经济以种植业为主，产玉米、小麦等农作物。有公路经此。

下洼 371202-B11-H04
[Xiàwā]

在区驻地凤城街道东北方向26.4千米。和庄镇辖自然村。人口1 200。明朝末年，夏姓迁此建村，因地势低洼，曾名夏家洼。清初，黄、郭两姓迁入，夏姓他迁，遂改称下洼村。聚落呈团块状分布。有文化广场1个、幼儿园1所。经济以种植业为主，产玉米、小麦等农作物。有公路经此。

普通 371202-B11-H05
[Pǔtōng]

在区驻地凤城街道东北方向27.2千米。和庄镇辖自然村。人口1 900。明洪武初年，陈姓迁此建村，村址位于淄河南岸，村民为企盼免遭河水泛滥造成的灾患，定名为不动村。后因谐音，逐渐沿用普通为村名。聚落呈团块状分布。有文化广场1个、幼儿园1所。经济以种植业为主，产玉米、小麦等农作物。有公路经此。

北麻峪 371202-B11-H06
[Běimáyù]

在区驻地凤城街道东北方向25.6千米。和庄镇辖自然村。人口1 100。据《王氏谱》记载，清朝初年王姓由博山迁此建村，因邻南麻峪，以村名村，冠以"北"字，故名。聚落呈团块状分布。有文化广场1个、幼儿园1所。经济以种植业为主，产玉米、小麦等农作物。有公路经此。

大英章 371202-B11-H07
[Dàyīngzhāng]

在区驻地凤城街道东北方向31.3千米。

和庄镇辖自然村。人口1 100。因村北有一大荧光石，上面布满鹰爪印，故名鹰爪村。后改称鹰掌村，又因谐音名英章村。因重名，改为大英章村。聚落呈团块状分布。有文化广场1个、幼儿园1所。经济以种植业为主，产玉米、小麦等农作物。有公路经此。

东车福 371202-B11-H08
[Dōngchēfú]

在区驻地凤城街道东北方向28.6千米。和庄镇辖自然村。人口900。据传，北宋柴王途经此地，在此修复折断的车辐，后人为纪念柴王，以车辐名村。村庄居东，故名东车辐，因谐音改称东车福。聚落呈团块状分布。有文化广场1个、幼儿园1所。经济以种植业为主，产玉米、小麦等农作物。有公路经此。

张家台 371202-B11-H09
[Zhāngjiātái]

在区驻地凤城街道东北方向35.3千米。和庄镇辖自然村。人口1 700。明初张姓迁此，因张姓人丁兴旺，清初改村名为张家台村。聚落呈团块状分布。有文化广场1个、幼儿园1所。经济以种植业为主，产玉米、小麦等农作物。有公路经此。

上佛羊 371202-B11-H10
[Shàngfóyáng]

在区驻地凤城街道东北方向24.3千米。和庄镇辖自然村。人口300。村东有山状如佛，山上多石且石状如羊，由此得村名佛羊。因重名，改称上佛羊。聚落呈团块状分布。有文化广场1个。经济以种植业为主，产玉米、小麦等农作物。有公路经此。

马杓湾 371202-B11-H11
[Mǎsháowān]

在区驻地凤城街道东北方向27.5千米。

和庄镇辖自然村。人口 800。明朝中叶，袁姓迁此建村，因山谷中多桃树、杏树，故名桃杏村。清朝初年，以村西南马杓状湾改名为马杓湾村。聚落呈团块状分布。有文化广场 1 个、幼儿园 1 所。经济以种植业为主，产玉米、小麦等农作物。有公路经此。

青石关 371202-B11-H12
[Qīngshíguān]

在区驻地凤城街道东北方向 30.2 千米。和庄镇辖自然村。人口 600。因此地全是青石，古代齐长城城堡和城墙亦全是用青石垒建，在城堡南关楼上方镶嵌着"青石关"三个阴刻楷书大字石匾，故以此关名村。有文化广场 1 个、幼儿园 1 所。有凤凰嘴、金鸡窝、扒钱峪等景点。经济以种植业为主，产玉米、小麦等农作物。有公路经此。

马家峪 371202-B11-H13
[Mǎjiāyù]

在区驻地凤城街道东北方向 31.3 千米。和庄镇辖自然村。人口 1 100。马姓居住于此，因址在山峪中，冠以姓氏，故名。聚落呈团块状分布。有文化广场 1 个、幼儿园 1 所。经济以种植业为主，产玉米、小麦等农作物。有公路经此。

官家 371202-B11-H14
[Guānjiā]

在区驻地凤城街道东北方向 28.2 千米。和庄镇辖自然村。人口 500。原名关庄，后取谐音改名官家村。聚落呈团块状分布。有文化广场 1 个、幼儿园 1 所。经济以种植业为主，产玉米、小麦等农作物。有公路经此。

下佛羊 371202-B11-H15
[Xiàfóyáng]

在区驻地凤城街道东北方向 23.1 千米。

和庄镇辖自然村。人口 700。村东有山状如佛，山多石且石状如羊，由此得村名佛羊。因重名，改称下佛羊。聚落呈团块状分布。有文化广场 1 个、幼儿园 1 所。经济以种植业为主，产玉米、小麦等农作物。有公路经此。

南麻峪 371202-B11-H16
[Nánmáyù]

在区驻地凤城街道东北方向 23.5 千米。和庄镇辖自然村。人口 1 300。明朝中期，王氏迁此居住，后附近麻峪河、高家庄两村相继迁到此地，村名延用麻峪河。后因重名，该村居南，改称南麻峪。聚落呈团块状分布。有文化广场 1 个、幼儿园 1 所。经济以种植业为主，产玉米、小麦等农作物。有公路经此。

钢城区

城市居民点

永兴园 371203-I01
[Yǒngxīng Yuán]

在区境中部。人口 3 100。总面积 12.0 公顷。因美好寓意而得名。1994 年始建，1996 年正式使用。建筑总面积 92 600 平方米，多层住宅楼 32 栋，现代建筑风格，绿地面积 43 679 平方米，有幼儿园、文化广场等配套设施。通公交车。

湖滨园 371203-I02
[Húbīn Yuán]

在区境中部。人口 3 400。总面积 12.4 公顷。因临靠南湖而得名。1992 年始建，1994 年正式使用。建筑总面积 109 800 平方米，多层住宅楼 39 栋，现代建筑风格，绿化率 40%，有棋牌室、台球室、书画室、健身广场等配套设施。通公交车。

金域华府 371203-I03
［Jīnyù Huáfǔ］

在区境中部。人口 2 400。总面积 1.1 公顷。因美好寓意而得名。2010 年始建，2013 年正式使用。建筑总面积 47 200 平方米，高层住宅楼 3 栋，现代建筑风格，绿化率 31.5%，有健身广场、休闲亭等配套设施。通公交车。

金洪小区 371203-I04
［Jīnhóng Xiǎoqū］

在区境中部。人口 3 700。总面积 14.8 公顷。因金鼎公司与洪沟村共同合作开发，故取两个单位第一个字，得名金洪小区。2004 年始建，2006 年正式使用。建筑总面积 155 100 平方米，多层住宅楼 24 栋，现代建筑风格，绿化率 35%，有未成年人活动室、篮球场、网球场、文体广场、休闲亭等配套设施。通公交车。

御龙湾小区 371203-I05
［Yùlóngwān Xiǎoqū］

在区境中部。人口 3 900。总面积 9.7 公顷。传说此地有条龙，龙头在南湖，龙尾在小区位置，得名御龙湾小区。2004 年始建，2006 年正式使用。建筑总面积 171 400 平方米，住宅楼 31 栋，其中高层 3 栋、小高层 6 栋、多层 22 栋，现代建筑风格，绿地面积 54 000 平方米，有文体广场、活动室等配套设施。通公交车。

金水花苑 371203-I06
［Jīnshuǐ Huāyuàn］

在区境中部。人口 300。总面积 2.5 公顷。因金水湾公司开发建设而得名。2008 年始建，2010 年正式使用。建筑总面积 51 800 平方米，小高层住宅楼 8 栋，现代建筑风格，绿化率 38.6%，有活动室、文体广场等配套设施。通公交车。

农村居民点

古墩 371203-A01-H01
［Gǔdūn］

在区驻地艾山街道西方向 1.5 千米。艾山街道属自然村。人口 1 200。村南有一古庙，距古庙 100 米处有一土墩，故村名古墩。聚落呈团块状。有文化广场 1 个。有王醒避难所、三官庙、艾陵之战遗址、古墩战场古墓等遗迹。经济以种植业为主，主产小麦、玉米、林果。有公路经此。

清泥沟 371203-A01-H02
［Qīngnígōu］

在区驻地艾山街道西南方向 2.4 千米。艾山街道属自然村。人口 2 400。因村有清泉，水入泥沟而得名。聚落呈团块状。有文化广场 1 个。经济以种植业为主，主产小麦、玉米。有公路经此。

寨子 371203-A01-H03
［Zhàizi］

在区驻地艾山街道南方向 3.1 千米。艾山街道属自然村。人口 3 500。因建筑四周砌石头寨墙，故名寨子。聚落呈团块状。有文化广场 1 个、中学 1 所。经济以种植业、养殖业、贸易等为主。205 国道经此。

肖马 371203-A01-H04
［Xiāomǎ］

在区驻地艾山街道西南方向 3.7 千米。艾山街道属自然村。人口 1 900。因肖、马两姓建村得名。聚落呈环状分布。有文化广场 1 个、幼儿园 1 所。经济以粮食种植为主，主产小麦、玉米。有公路经此。

卧龙港 371203-A01-H05

[Wòlónggǎng]

在区驻地艾山街道西南方向 3.1 千米。艾山街道属自然村。人口 900。因村北有两条河汇流成港，两条河又弯又曲，像两条龙，故取名为卧龙港。聚落呈团块状。有文化广场 1 个。经济以种植业为主，主产小麦、玉米。有公路经此。

大龙门 371203-A01-H06

[Dàlóngmén]

在区驻地艾山街道西南方向 8.4 千米。艾山街道属自然村。人口 800。传说有一条龙经常栖息在村南的深沟内，故取名龙门。因重名，更名为大龙门。聚落呈散状分布。有文化广场 1 个。经济以粮食种植、林果业为主，主产小麦、玉米、林果。有公路经此。

双杨桥 371203-A01-H07

[Shuāngyángqiáo]

在区驻地艾山街道西南方向 8.0 千米。艾山街道属自然村。人口 1 300。因石桥两端有参天古杨而命名为双杨桥。聚落呈团块状。有文化广场 1 个。经济以种植业为主，主产小麦、玉米、林果。有公路经此。

贤女庙 371203-A01-H08

[Xiánnǚmiào]

在区驻地艾山街道南方向 7.9 千米。艾山街道属自然村。人口 1 700。相传有父女二人在南斗山下居住，有个山大王命二人铸盔甲，若铸不出来，就要杀这父女二人，女儿为救父亲跳进炉里死了。为纪念为父而死的贤女，故名贤女庙。聚落呈散状分布。有文化广场 1 个。经济以粮食种植为主，主产小麦、玉米。有公路经此。

南朱家庄 371203-A02-H01

[Nánzhūjiāzhuāng]

在区驻地艾山街道东北方向 6.3 千米。里辛街道属自然村。人口 1 800。明洪武二年（1369），朱姓由山西洪洞县迁此建村，以姓名村为朱家庄，因重名，1982 年更名为南朱家庄。聚落呈团块状。有联办小学 1 所、图书室 1 个。经济以钢铁冶炼、机械加工、建筑等为主。省道韩莱公路经此。

棋山观 371203-A02-H02

[Qíshānguàn]

在区驻地艾山街道东北方向 9.0 千米。里辛街道属自然村。人口 500。明洪武元年（1368），刘姓由山西迁此建村，以村东棋山观庙而得名。聚落呈团块状。有文化大院 1 个、图书室 1 个。有省级文物保护单雪蓑大字碑、棋山观抗日阵亡烈士纪念碑。经济以种植生姜、植桑养蚕为主。依托棋山风景区，餐饮、住宿行业不断发展。韩莱公路经此。

里辛 371203-A02-H03

[Lǐxīn]

在区驻地艾山街道北方向 4.0 千米。里辛街道属自然村。人口 2 800。明洪武二年（1369），李、魏、韩、董四姓迁此聚居。当时分建三村，西村名纤纺，东村为坡庄，中村名李信。后人丁繁衍，村落扩大，合为一村，定名李信，后来逐渐演化为里辛。聚落呈团块状。有文化广场 1 个、中学 1 所、幼儿园 1 所。经济以种植业为主。省道韩莱公路经此。

黄金篮 371203-A02-H04

[Huángjīnlán]

在区驻地艾山街道东北方向 12.6 千米。里辛街道属自然村。人口 1 400。因村四周为黄土岭，呈篮状，曾名黄家篮，清初改称黄金篮。聚落呈带状。有文化广场1个。经济以种植业为主，主产花生、玉米等。有公路经此。

东田庄 371203-A02-H05
[Dōngtiánzhuāng]

在区驻地艾山街道东北方向8.5千米。里辛街道属自然村。人口700。原名牛山庄。明崇祯年间，官兵与农民起义兵在牛山庄展开战斗。三名田姓起义军将领死于乱箭之下，人们为纪念这三位将军，便将牛山庄改为三田庄。后村庄三分，该村处在东侧，名东田庄。聚落呈团块状。有文化广场1个。经济以种植业和零售业、餐饮业为主，主产樱桃、花生、玉米等。有公路经此。

双龙峪 371203-A02-H06
[Shuānglóngyù]

在区驻地艾山街道东北方向10.9千米。里辛街道属自然村。人口1 700。因村南、北两面有小河，蜿蜒如龙，故名双龙峪。聚落呈团块状。有文化广场1个。经济以种植业为主，主产花生、玉米等。有公路经此。

黄崖 371203-A02-H07
[Huángyá]

在区驻地艾山街道东北方向11.4千米。里辛街道属自然村。人口200。该村为春秋时鲁国大夫黄伢的故里，故名黄伢。后因该村处于黄土坡下，演绎为黄崖。聚落呈带状。有文化广场1个。经济以种植业和生猪养殖为主，主产花生、玉米等。有公路经此。

孙家岭 371203-A02-H08
[Sūnjiālǐng]

在区驻地艾山街道东北方向14.4千米。

里辛街道属自然村。人口100。清道光年间，孙姓迁此建村，因村址在山岭上，故名孙家岭。聚落呈散状。有文化广场1个。经济以种植业为主，主产玉米、花生等。有公路经此。

郑王庄 371203-A02-H09
[Zhèngwángzhuāng]

在区驻地艾山街道东北方向12.0千米。里辛街道属自然村。人口2 200。传说春秋时这里曾是鲁国的一个边关小村，鲁国国君嫉贤妒能，将一郑姓大臣贬到这里。一年之后，鲁国国君见郑姓大臣一心治理边关小村，无篡夺王位之意，于是，封其为大王。郑姓大臣死后，百姓将此村取名为大王庄。后改称郑大王庄，简称郑王庄。聚落呈团块状。有文化广场1个。经济以种植业和生猪养殖为主，主产花生、玉米等。有公路经此。

后朱山 371203-A02-H10
[Hòuzhūshān]

在区驻地艾山街道东北方向14.2千米。里辛街道属自然村。人口500。元朝初年，阎姓由前朱山村迁此建村，因村在前朱山村后，故名后朱山。聚落呈团块状。有文化广场1个。经济以种植业为主，主产花生、玉米、花椒等。有公路经此。

东马泉 371203-A02-H11
[Dōngmǎquán]

在区驻地艾山街道东北方向11.8千米。里辛街道属自然村。人口500。传说东汉皇帝刘秀路过此地，曾在一泉池饮马，而泉得名饮马泉。此处有两村，该村地处东边，故名。聚落呈团块状。有文化广场1个。经济以种植业为主，主产玉米、花生、苹果、山楂、花椒等。有公路经此。

高家岭 371203-A02-H12
[Gāojiālǐng]

在区驻地艾山街道北方向 6.2 千米。里辛街道属自然村。人口 700。明洪武二年（1369），高姓迁此建村，因村址在山岭处，故名高家岭。聚落呈团块状。有文化广场 1 个、中学 1 所。经济以机械制造业、餐饮、零售业为主。有公路经此。

黄家洼 371203-A02-H13
[Huángjiāwā]

在区驻地艾山街道北方向 7.8 千米。里辛街道属自然村。人口 500。因村址在黄黏土质洼地而得名浆帮洼，后改为黄家洼。聚落呈团块状。有文化广场 1 个。经济以种植业为主，主产花生、玉米、油菜等。有公路经此。

焦家庄 371203-A02-H14
[Jiāojiāzhuāng]

在区驻地艾山街道东北方向 8.0 千米。里辛街道属自然村。人口 400。以姓氏命名。聚落呈团块状。有文化广场 1 个。经济以种植业为主，主产玉米、小麦、花生等。有公路经此。

杨家楼 371203-A02-H15
[Yángjiālóu]

在区驻地艾山街道东北方向 9.1 千米。里辛街道属自然村。人口 400。明正德年间，杨姓迁此建村，并建一小楼，称杨家楼，久成村名。聚落呈团块状。有文化广场 1 个、幼儿园 1 所。经济以种植业为主，主产玉米、小麦、花生等。有公路经此。

圈里 371203-A02-H16
[Quānlǐ]

在区驻地艾山街道东北方向 9.3 千米。里辛街道属自然村。人口 600。该村为汉代名医郑圈里的故里，郑圈里死后，家乡百姓为了纪念他，将其故里定名为圈里。聚落呈团块状。有文化广场 1 个。经济以种植业为主，主产玉米、小麦、花生等。有公路经此。

石家岭 371203-A02-H17
[Shíjiālǐng]

在区驻地艾山街道北方向 5.0 千米。里辛街道属自然村。人口 700。明初石姓建村，因村址在黄羊山东麓岭上，故名石家岭。聚落呈团块状。有文化广场 1 个。经济以机械制造业、餐饮、零售业为主。有公路经此。

冯家庄 371203-A02-H18
[Féngjiāzhuāng]

在区驻地艾山街道东北方向 5.8 千米。里辛街道属自然村。人口 800。以姓氏命名。聚落呈团块状。有文化广场 1 个。经济以机械制造业、餐饮、零售业为主。有公路经此。

凤凰峪 371203-A02-H19
[Fènghuángyù]

在区驻地艾山街道东方向 5.7 千米。里辛街道属自然村。人口 800。据传，一对凤凰曾在此处落地，并啄一清泉，人称其为凤凰泉，以泉名村。后因村址建于沟峪内，改称凤凰峪。聚落呈团块状。有文化广场 1 个、幼儿园 2 所。经济以种植业和餐饮业、零售业为主，主产花生、玉米等。有公路经此。

黄庄一村 371203-A03-H01
[Huángzhuāngyīcūn]

在区驻地艾山街道东方向 6.8 千米。汶源街道属自然村。人口 1 000。最初以姓氏命名，称大黄庄。因重名，改称黄庄。1955年分为建国社和红星社，红星社分为一、二、三、四排。1961年四个排定为四个大队，1984年一大队改称黄庄一村。聚落呈团块状。有文化纪念馆1个、文化广场1个、幼儿园1所、中学1所。经济以种植花生、玉米和林果业为主，特色农产品有蜜桃、苹果。有公路经此。

八大庄 371203-A03-H02
[Bādàzhuāng]

在区驻地艾山街道东北方向10.0千米。汶源街道属自然村。人口900。曾以吉祥之意取名常胜庄，后逐渐形成八个居民点，统称八大庄。聚落呈散状。有文化广场1个。经济以种植业为主，主产水果、蔬菜等。有公路经此。

尚家峪 371203-A03-H03
[Shàngjiāyù]

在区驻地艾山街道东北方向12.0千米。汶源街道属自然村。人口700。清乾隆八年（1743），尚姓建村，因村址在山峪中，故名尚家峪。聚落呈团块状。有文化广场1个。经济以种植玉米、花生、艾草、果树等为主。有公路经此。

幸福 371203-A03-H04
[Xìngfú]

在区驻地艾山街道东北方向9.2千米。汶源街道属自然村。人口400。原以在汶河的西岸取名为河西。1955年取吉祥之意，名幸福村。聚落呈团块状。有文化广场1个。经济以种植黄桃、玉米、花生等为主。有公路经此。

仙人桥 371203-A03-H05
[Xiānrénqiáo]

在区驻地艾山街道东北方向9.0千米。汶源街道属自然村。人口600。因村西北一条河沟上有一自然桥，传说桥下住一仙人而得名仙人桥，以此名村。聚落呈团块状。有文化广场1个。经济以餐饮业、加工业为主。有公路经此。

上历山后 371203-A03-H06
[Shànglìshānhòu]

在区驻地艾山街道东北11.0千米。汶源街道属自然村。人口800。因地处历山之阴，为与下历山后村区分，称为上历山后村。聚落呈带状。有文化广场1个。经济以粮食种植和林果业为主，主要种植花生、谷子及桃树等果木。有公路经此。

刘家庄 371203-A03-H07
[Liújiāzhuāng]

在区驻地艾山街道东方向5.9千米。汶源街道属自然村。人口800。以姓氏命名。聚落呈团块状。有文化广场1个。经济以粮食种植和林果业为主，主要种植花生、玉米、桃树、苹果树。有公路经此。

胡家桥 371203-A03-H08
[Hújiāqiáo]

在区驻地艾山街道东北方向7.1千米。汶源街道属自然村。人口300。因传说山上的猴子在此架了一座小桥，故名猴家桥。后来胡姓迁此成为大户，雅化为胡家桥。聚落呈散状。有文化广场1个。经济以粮食种植和林果业为主，主要种植花生、玉米、桃树、苹果树。有公路经此。

长胜 371203-A03-H09
[Chángshèng]

在区驻地艾山街道东北方向8.5千米。汶源街道属自然村。人口700。因村北历山悬崖处早年有鹰雕栖息，故得名雕窝。后村民厌其名不雅，1956年取吉祥意改称长胜村。聚落呈团块状。有文化广场 1 个。经济粮食种植和林果业为主，主要种植花生、玉米、桃树、苹果树。有公路经此。

黄花峪 371203-A03-H10
[Huánghuāyù]

在区驻地艾山街道东方向 9.5 千米。汶源街道属自然村。人口 300。因建村时村四周山梁盛开黄色野花，故名黄花峪。聚落呈散状。有文化广场 1 个。经济以粮食种植和林果业为主，主要种植花生、玉米、樱桃、杏、核桃。有公路经此。

霞峰 371203-A03-H11
[Xiáfēng]

在区驻地艾山街道东方向 10.7 千米。汶源街道属自然村。人口 1 000。因群山环抱，犹如横放着的匣子，故曾名匣横村。后因厌其名不雅，又因早晨曙光初照，朝霞映红山峰，故改称霞峰村。聚落呈团块状。有文化广场 1 个。经济以粮食种植和林果业为主，主要种植花生、玉米、蜜桃。有公路经此。

东王家庄 371203-A03-H12
[Dōngwángjiāzhuāng]

在区驻地艾山街道东方向 9.0 千米。汶源街道属自然村。人口 800。明洪武年间，王姓迁此，因位于黄庄之东，以姓氏取名，名东王家庄。聚落呈散状。有文体广场 2 个。经济以种植花生、玉米和林果业为主，特色农产品有蜜桃、苹果。有公路经此。

桑家庄 371203-A03-H13
[Sāngjiāzhuāng]

在区驻地艾山街道东方向 9.5 千米。汶源街道属自然村。人口 600。以姓氏命名。聚落呈散状。有文化广场 1 个。经济以种植花生、玉米和林果业为主，特色农产品有蜜桃、苹果。有公路经此。

青冶行 371203-A03-H14
[Qīngyěháng]

在区驻地艾山街道东南方向 7.2 千米。汶源街道属自然村。人口 1 700。因此处曾出土冶炼炉、锅、矿坑，人们以为是商周冶炼青铜的地方，故取村名青冶行。聚落呈带状。有文化广场 1 个。农业以种植花生、玉米、花椒、梨为主。有公路经此。

南通香峪 371203-A03-H15
[Nántōngxiāngyù]

在区驻地艾山街道东南方向 11.0 千米。汶源街道属自然村。人口 700。明洪武年间，桑姓迁此建村，因村址在南北向宽阔的山峪中，故名通敞峪，以谐音称通香峪。后以河为界分成两个自然村，该村居南，故名。聚落呈团块状。有文化广场 1 个、幼儿园 1 所、小学 1 所。经济以种植业和养殖业为主，主产花生、玉米和蜜桃、苹果。有公路经此。

台子 371203-A03-H16
[Táizi]

在区驻地艾山街道东南方向 12.5 千米。汶源街道属自然村。人口 600。清康熙年间，桑姓迁此建村，因村南有一边长约 10 米的方形巨石，如戏台一般，故得名台子。聚落呈环状。有文化广场 1 个。经济以种植业、林业为主。有公路经此。

颜庄 371203-B01-H01
[Yánzhuāng]

颜庄镇人民政府驻地。在区驻地艾山街道西北方向 5.0 千米。人口 5 100。始建村时因附近有李子园而得名李子园村，后村落沿汶河向北延伸改称延庄，后谐音为颜庄。聚落呈团块状。有文化广场 1 个、幼儿园 6 所、小学 1 所、中学 1 所。有省级非物质文化遗产项目花鼓锣子。经济以工副业为主，建有煤矿、粉末冶金、工具厂等企业。205 国道经此。

澜头 371203-B01-H02
[Lántóu]

在区驻地艾山街道西北方向 9.5 千米。颜庄镇辖自然村。人口 1 500。清朝初年，吴姓由山西迁此建村，龙潭河绕村而过，取名拦头，后取谐音为澜头。聚落呈团块状。有文化广场 1 个、颜庄镇第二中学。有吴家大院、刘家大院及花雨山庙等名胜古迹。经济以种植业为主，主产小麦、玉米及花生、花椒、柿子、山楂及苹果。有澜头农贸大集。有公路经此。

王家港 371203-B01-H03
[Wángjiāgǎng]

在区驻地艾山街道西北方向 11.2 千米。颜庄镇辖自然村。人口 100。明朝末年，王姓迁此建村。相传古时此地为一片泽区，并设有港口，故得名王家港。聚落呈团块状。有文化广场 1 个、幼儿园 1 所。经济以种植业为主，主产玉米、小麦、花生、苹果、花椒。有公路经此。

上北港 371203-B01-H04
[Shàngběigǎng]

在区驻地艾山街道西北方向 11.5 千米。颜庄镇辖自然村。人口 500。明洪武二年（1369），段姓迁此建村。相传古时此地为一片沼泽区，并设有港口，因村址在原港口北，故名上北港。聚落呈团块状。有文化广场 1 个、幼儿园 1 所。经济以种植业为主，主产玉米、小麦、花生、苹果、花椒。205 国道经此。

东红埠岭 371203-B01-H05
[Dōnghóngbùlǐng]

在区驻地艾山街道西北方向 11.8 千米。颜庄镇辖自然村。人口 600。明洪武年间，孔、邱、傅、邵四姓迁此建村，因村址在一红黏土岭东，故取名东红埠岭。聚落呈团块状。有幼儿园 1 所。经济以种植业为主，主产玉米、小麦。有公路经此。

状元沟 371203-B01-H06
[Zhuàngyuángōu]

在区驻地艾山街道西北方向 11.0 千米。颜庄镇辖自然村。人口 600。曹、洪、邱三姓先后迁此，取村名曹志礼庄。为祈愿年年泰和、岁岁丰收，更名为庄稼沟。一曹姓学子考中状元后来此认亲，曹姓家族为了不忘状元认亲之事，并祝愿以后村中多出人才，更村名为状元沟。聚落呈团块状。经济以种植业为主，主产玉米、小麦、花生、苹果、柿子、花椒。有公路经此。

郭家台 371203-B01-H07
[Guōjiātái]

在区驻地艾山街道西北方向 11.0 千米。颜庄镇辖自然村。人口 700。元朝末年，孙姓居此，因北岭石块层叠如板页，曾名薄板台。后郭姓迁此，人丁兴旺，成为大户，改称郭家台。聚落呈团块状。有幼儿园 1 所。经济以种植业为主，主产玉米、小麦。有公路经此。

南下冶 371203-B01-H08
[Nánxiàyě]

在区驻地艾山街道西北方向 9.0 千米。颜庄镇辖自然村。人口 800。因此处炼铁业历史悠久，该村在炼铁业发展中心位置南部，故名南下冶。聚落呈团块状。经济以种植业为主，主产玉米、小麦、花生。有公路经此。

莲花池 371203-B01-H09
[Liánhuāchí]

在区驻地艾山街道西北方向 9.0 千米。颜庄镇辖自然村。人口 800。因村旁有一泉，泉水涌出，蓄水成池，池中每天早上出现红青菜，酷似莲花，故取村名为莲花池。聚落呈团块状。经济以种植业为主，主产玉米、小麦、花生。有公路经此。

东当峪 371203-B01-H10
[Dōngdāngyù]

在区驻地艾山街道西北方向 11.7 千米。颜庄镇辖自然村。人口 600。因四面环山，林木茂密，无路通过，曾名挡峪，后谐音为当峪。因重名，该村居东，故名东当峪。聚落呈团块状。经济以种植业为主，主产玉米、花生、地瓜、花椒、山楂、柿子。有公路经此。

木头山 371203-B01-H11
[Mùtóushān]

在区驻地艾山街道西北方向 12.0 千米。颜庄镇辖自然村。人口 400。因村东、西、北三山树木多而繁茂，遂取名木头山。聚落呈团块状。经济以种植业为主，主产玉米、花生、小麦、花椒、山楂、柿子。有公路经此。

邱家屋 371203-B01-H12
[Qiūjiāwū]

在区驻地艾山街道西北方向 11.0 千米。颜庄镇辖自然村。人口 400。邱姓以放牧牛羊为生，经常赶牛羊来此岭放牧，遂在此地垒一石屋。后搬来居住，故名为邱家屋。聚落呈团块状。经济以种植业为主，主产玉米、花生、小麦、花椒、山楂、柿子。有公路经此。

野虎沟 371203-B01-H13
[Yěhǔgōu]

在区驻地艾山街道西北方向 9.5 千米。颜庄镇辖自然村。人口 900。明洪武元年（1368），魏姓由芦城迁此建村，因村旁有沟，曾有老虎出没，故名野虎沟。聚落呈团块状。有文体活动中心 1 个、农家书屋 1 个。经济以种植业为主，主产玉米、花生、小麦、花椒、山楂、柿子。莱新高速公路经此。

柳桥峪 371203-B01-H14
[Liǔqiáoyù]

在区驻地艾山街道西方向 8.4 千米。颜庄镇辖自然村。人口 800。建村伊始，村民在河东、西两岸居住，汛期一到，村民只能隔河相望，互助无从。后河西大柳树被洪水冲倒，树干盖河至东岸，人可沿树往返于两岸，故名柳桥峪。聚落呈团块状。经济以种植业为主，主产玉米、花生、小麦、花椒、山楂、柿子。有公路经此。

唐家宅 371203-B01-H15
[Tángjiāzhái]

在区驻地艾山街道西北方向 7.8 千米。颜庄镇辖自然村。人口 700。一说，唐朝元和年间，唐姓建村，以姓名村为唐家宅；另一说，明洪武年间，有唐氏二兄弟，因战功卓著，朱元璋将九龙山三尖崮北方圆 2 000 米的地盘奖赏给唐氏兄弟，让其在此建村，故以姓名村为唐家宅。聚落呈团块状。经济以种植业为主，主产玉米、花生、小麦、花椒、山楂、柿子、苹果。有公路经此。

辛庄 371203-B02-H01
[Xīnzhuāng]

辛庄镇人民政府驻地。在区驻地艾山街道北方向 13.8 千米。人口 1 100。建村时，因是新建村，曾名新庄，后演变成辛庄。

因重名，改称大辛庄。1982 年更为辛庄。聚落呈团块状。有文化广场 1 个、幼儿园 2 所、小学 1 所、中学 1 所。经济以种植花生、饲养猪牛羊为主。有公路经此。

杨家横 371203-B02-H02
[Yángjiāhéng]

在区驻地艾山街道北方向 22.0 千米。辛庄镇辖自然村。人口 1 200。元代元统年间，杨姓迁此建村，为求兴盛，以"横"示好，取名杨家横。聚落呈团块状。有文化广场 1 个、幼儿园 1 所。经济以种植玉米、生姜、中草药为主。有公路经此。

吕家峪 371203-B02-H03
[Lǚjiāyù]

在区驻地艾山街道北方向 20.0 千米。辛庄镇辖自然村。人口 800。明万历年间，吕姓迁此建村，因村址在山峪中，故名吕家峪。聚落呈带状。有文化广场 1 个。经济以种植玉米、生姜为主。有公路经此。

上三山 371203-B02-H04
[Shàngsānshān]

在区驻地艾山街道北方向 21.0 千米。辛庄镇辖自然村。人口 500。明万历年间，刘姓迁此建村，因村西南有三座小山，曾名三山。因重名，加"上"字，名上三山。聚落呈团块状。有文化广场 1 个。经济以种植花生、生姜为主。有公路经此。

桑响泉 371203-B02-H05
[Sāngxiǎngquán]

在区驻地艾山街道北方向 20.0 千米。辛庄镇辖自然村。人口 200。清朝中叶，桑姓迁此建村，因邻刘草场子村，取名桑草场子，1958 年改为桑响泉。聚落呈散状。有文化广场 1 个。经济以种植花生、生姜为主。有公路经此。

徐家店 371203-B02-H06
[Xújiādiàn]

在区驻地艾山街道北方向 19.8 千米。辛庄镇辖自然村。人口 800。明末，徐姓迁此建村，因以开店为业，故名徐家店。聚落呈带状。有文化广场 1 个、幼儿园 1 所、小学 1 所。经济以种植玉米、花生、果蔬，养殖黑猪为主。有公路经此。

上河 371203-B02-H07
[Shànghé]

在区驻地艾山街道北方向 19.0 千米。辛庄镇辖自然村。人口 800。明末，张、陈两姓迁此建村，因村址在小河上游，故名上河。聚落呈散状。有文化广场 1 个。经济以种植玉米、花生、果蔬，养殖黑鸡为主。有公路经此。

蔡店 371203-B02-H08
[Càidiàn]

在区驻地艾山街道北方向 16.0 千米。辛庄镇辖自然村。人口 800。因此处位于通往博山、沂水的大道必经处，蔡姓以开店为业，故名蔡店。聚落呈环状。有文化广场 1 个。经济以种植玉米、花生、生姜为主。有公路经此。

侯家台 371203-B02-H09
[Hóujiātái]

在区驻地艾山街道北方向 15.0 千米。辛庄镇辖自然村。人口 600。清乾隆年间，侯姓迁此建村，因此处地势高，故名侯家台。聚落呈团块状。有文化广场 1 个。经济以养殖黑猪、黑鸡、黑山羊为主。有公路经此。

后城子 371203-B02-H10
[Hòuchéngzi]

在区驻地艾山街道北方向 13.5 千米。

辛庄镇辖自然村。人口 500。明洪武年间，卓姓迁此建村，希望将来子孙能够发达成功，故取名后成村，后演变为后城子村。聚落呈散状。有文化广场 1 个。经济以种植玉米、花生、苹果为主。有公路经此。

崖下 371203–B02–H11
[Yáxià]

在区驻地艾山街道西北方向 13.7 千米。辛庄镇辖自然村。人口 400。明洪武年间，刘氏迁此定居，因村北山脚下有较大的土崖，故名崖下。聚落呈散状。有文化广场 1 个。经济以种植玉米、花生、生姜为主。有公路经此。

大徐家庄 371203–B02–H12
[Dàxújiāzhuāng]

在区驻地艾山街道西北方向 11.0 千米。辛庄镇辖自然村。人口 600。明洪武年间，徐姓迁此建村，以姓名村为徐家庄。因重名，1982 年更名为大徐家庄。聚落呈团块状。有文化广场 1 个。经济以种植玉米、花生、景观松为主。有公路经此。

乔店 371203–B02–H13
[Qiáodiàn]

在区驻地艾山街道北方向 14.3 千米。辛庄镇辖自然村。人口 1 000。因村南有大道，乔姓在此开一客店，故名乔店。聚落呈团块状。有文化广场 1 个、幼儿园 1 所。经济以种植玉米、花生、景观松为主。有公路经此。

后峪 371203–B02–H14
[Hòuyù]

在区驻地艾山街道北方向 14.5 千米。辛庄镇辖自然村。人口 1 000。明朝时池氏迁此定居，因村位于乔店村后山峪中，故名乔店后峪，后简称后峪。聚落呈带状。

有文化广场 1 个。经济以种植玉米、花生，养殖黑猪为主。有公路经此。

天井峪 371203–B02–H15
[Tiānjǐngyù]

在区驻地艾山街道西北方向 14.2 千米。辛庄镇辖自然村。人口 700。据《池氏谱碑》记载，池氏建立后峪村后，其第六代后人池林迁此建村，因四周沙岭环绕，中间低平，故名天井峪。也有另一说法：村后有一眼水井，夏天水温很低，饮之凉如冰，冬天水温高，再严寒的天气也不结冰，人称天井，因此该村取名天井峪。聚落呈团块状。有文化广场 1 个。经济以种植玉米、花生，养殖黑猪、黑鸡为主。有公路经此。

南埠子 371203–B02–H16
[Nánbùzi]

在区驻地艾山街道西北方向 12.0 千米。辛庄镇辖自然村。人口 500。明万历年间，李姓迁此建村，因村南有山岭，陡峭难行，故曾名难步，后演变成南埠子。聚落呈团块状。有文化广场 1 个。经济以种植玉米、花生为主。有公路经此。

培峪 371203–B02–H17
[Péiyù]

在区驻地艾山街道北方向 12.0 千米。辛庄镇辖自然村。人口 600。明代中叶，贺姓在此定居，因培育枣树苗，故曾名培育。后因村南有一条"风水宝峪"直冲村中，故更名为培峪。聚落呈团块状。有文化广场 1 个。经济以种植玉米、花生为主。有公路经此。

大官庄 371203–B02–H18
[Dàguānzhuāng]

在区驻地艾山街道北方向 10.0 千米。辛庄镇辖自然村。人口 600。村中清雍正八年（1730）碑《重修观音堂记》记载："县治东三十里许有招抚庄者。"另有清道光二十二年（1842）碑记载："招抚官庄。"村庄范围较大，故名大官庄。聚落呈团块状。有文化广场 1 个、幼儿园 1 所。经济以种植玉米、花生为主。有公路经此。

西铁车 371203-B02-H19
[Xītiěchē]

在区驻地艾山街道东北方向 18.9 千米。辛庄镇辖自然村。人口 1 000。元代元统年间，相传村南有一周围修有铁栏杆的水池，故名铁池，后来演变为铁车。1949 年后分东西两村，该村居西，故名西铁车。聚落呈散状。有文化广场 1 个、幼儿园 1 所。经济以种植玉米、花生、景观松为主。有公路经此。

桃科 371203-B02-H20
[Táokē]

在区驻地艾山街道东北方向 21.4 千米。辛庄镇辖自然村。人口 1 000。清康熙年间，吕姓迁此村，因村旁遍植桃树，故曾名桃棵，后演变为桃科。聚落呈散状。有文化广场 1 个。经济以种植玉米、花生为主。有公路经此。

郎郡 371203-B02-H21
[Lángjùn]

在区驻地艾山街道东北方向 23.8 千米。辛庄镇辖自然村。人口 600。明洪武年间，路姓迁此建村，因建村者为十兄弟，曾名十郎郡，后简化为郎郡。聚落呈团块状。有文化广场 1 个。经济以种植玉米、花生为主。有公路经此。

傅宅科 371203-B02-H22
[Fùzháikē]

在区驻地艾山街道东北方向 22.1 千米。

辛庄镇辖自然村。人口 800。明朝，傅姓迁此定居，因树木成林，林中有一空地，形似宅院，故取名宅棵，后演变为宅科。因重名，1982 年更名为傅宅科。聚落呈团块状。有文化广场 1 个、幼儿园 1 所。经济以种植玉米、花生、黄烟为主。有公路经此。

城岭 371203-B02-H23
[Chénglǐng]

在区驻地艾山街道北方向 18.4 千米。辛庄镇辖自然村。人口 600。清初，赵姓迁此建村，因村址在三条河交汇之处，曾名三岔河村。后因村庄被山岭环绕如城，更名为城岭。聚落呈带状。有文化广场 1 个。经济以种植玉米、花生、景观松、榛子、丹参为主。有公路经此。

石湾子 371203-B02-H24
[Shíwānzi]

在区驻地艾山街道东北方向 20.0 千米。辛庄镇辖自然村。人口 600。清初，徐姓迁此建村，因村东沟中有一碗状巨石，曾名石碗子，后谐音为石湾子。聚落呈团块状。有文化广场 1 个。有国家级重点文物保护单位莱芜战役指挥所旧址。经济以种植玉米、花生为主。有公路经此。

团圆坡 371203-B02-H25
[Tuányuánpō]

在区驻地艾山街道东北方向 19.0 千米。辛庄镇辖自然村。人口 600。村名源于李逵寄母的传说。聚落呈带状。有文化广场 1 个、幼儿园 1 所。经济以种植玉米、花生为主。有公路经此。

三　交通运输

莱城区

城市道路

胜利南路 371202-K01
[Shènglì Nánlù]

在区境西部。北起鲁中西大街，南至汶河大道。与鲁中大街、凤城大街、鹏泉西大街等相交。长1.6千米，宽25.0米。沥青路面。1979年开工，1980年建成。以美好的寓意命名为胜利路，因位置靠南，故为胜利南路。道路沿线商铺众多，是莱城区重要的商业中心。两侧有官司商场、莱芜市交警一大队等。是莱芜城区南北向的主要道路之一。通公交车。

胜利北路 371202-K02
[Shènglì Běilù]

在区境西部。南起鲁中西大街，北至长勺北路。与鲁中大街、龙潭大街、赢牟西大街等相交。长1.0千米，宽25.0米。沥青路面。1979年开工，1980年建成。以美好的寓意命名为胜利路，因位置靠北，故为胜利北路。道路沿线学校、商铺众多，是莱城区重要的商业中心。两侧有胜利小学、胜利中学等。是莱芜城区南北向的主要道路之一。通公交车。

花园北路 371202-K03
[Huāyuán Běilù]

在区境东部。南起鲁中东大街，北至赢牟东大街。与鲁中大街、赢牟大街、龙潭东大街等相交。长2.5千米，宽23.0米。沥青路面。1979年开工，1980年建成。以美好的寓意命名为花园路，因位置靠北，故为花园北路。道路沿线商铺众多，是莱城区重要的商业中心。两侧有莱芜市环保局、莱芜市莱城区花园学校等。是莱芜城区南北向的主要道路之一。通公交车。

花园南路 371202-K04
[Huāyuán Nánlù]

在区境东部。北起鲁中东大街，南至汶河大道，向南延伸至绿叶岛。与鲁中大街、凤城大街、汶河大道等相交。长2.2千米，宽23.0米。沥青路面。1979年开工，1980年建成。以美好的寓意命名为花园路，因位置靠南，故为花园南路。道路沿线商铺众多，是莱城区重要的商业中心。两侧有凤城中心小学等。是莱芜城区南北向的主要道路之一。通公交车。

赢牟西大街 371202-K05
[Yíngmù Xīdàjiē]

在区境北部。东起文化北路，西至汶秀北路。与长勺路、文化路、胜利北路等相交。长5.4千米，宽36.0米。沥青路面。1979年开工，1980年建成。以"赢汶河"和"牟汶河"命名为赢牟，因位置偏西，故名。

道路沿线有医院、多商铺，是全市重要的商业和金融中心。两侧有凤城高中、莱芜市人民医院、莱芜市传染病医院、信誉楼商厦等。是莱芜城区东西向的主干道之一。通公交车。

汶河大道 371202-K06
[Wènhé Dàdào]

在区境南部。东起原山路，西至泰莱高速莱芜西出口。与长勺路、文化路、花园路、大桥路等相交。长 8.1 千米，宽 40.0 米。沥青路面。1979 年开工，1980 年建成。因靠近"牟汶河"，命名为汶河大道。道路沿线商铺众多。两侧有莱芜汽车总站、官司商场等。是莱芜城区东西向的主干道之一。有莱芜汽车总站。通公交车。

鲁中西大街 371202-K07
[Lǔzhōng Xīdàjiē]

在区境中部。东起文化北路，西至莱城大道。与长勺路、文化路、胜利路等相交。长 6.4 千米，宽 37.0 米。沥青路面。1983 年开工，1987 年建成，2000 年改建。1987 年命名为人民路，因莱芜地处鲁中地区，1994 年改为今名。道路沿线有银行、商铺众多，是全市重要的商业和金融中心。两侧有文化广场、红石公园、中国建设银行、中国农业银行、泰山钢铁总公司等，种植松树和各类花木。是城区东西向的主干道之一。通公交车。

鲁中东大街 371200-K08
[Lǔzhōng Dōngdàjiē]

在区境中部。西起文化南路，东至博莱高速公路。与文化路、花园路、万福路、大桥路等相交。长 1.7 千米，宽 37.0 米。沥青路面。1983 年开工，1987 年建成，2000 年改建。1987 年命名为人民路，因莱芜地处鲁中地区，1994 年改为今名。道路沿线有银

行、学校，商铺众多，是全市重要的商业和金融中心。两侧有汶源学校、中国联通莱芜分公司、中国工商银行、中国人民银行、汶源学校等，种植松树和各类花木。是城区东西向的主干道之一。通公交车。

凤城东大街 371200-K09
[Fèngchéng Dōngdàjiē]

在区境南部。东起原山路，西至文化南路。与花园路、文化路、大桥路等相交。长 1.6 千米，宽 35.0 米。沥青路面。1956 年始建，1969 年建成，1987 年改建。因莱城古有凤凰城的传说，命名为凤城大街，又位置靠东，故名。是莱城历史最悠久的道路，重要的老商业街。两侧有莱芜市妇幼保健院、十八乐超市等。是莱芜市莱城区主干道路之一，通公交车。

凤城西大街 371202-K10
[Fèngchéng Xīdàjiē]

在区境南部。东起文化南路，西至莱城大道。与胜利路、文化路、北坛路、长勺路等相交。长 6.5 千米，宽 35.0 米。沥青路面。1956 年始建，1969 年建成，1987 年改建。因莱城古有凤凰城的传说，命名为凤城大街，又位置靠西，故名。是莱城历史最悠久的道路，重要的老商业街。两侧有官寺商场等。是莱芜市莱城区主干道路之一，通公交车。

龙潭西大街 371202-K11
[Lóngtán Xīdàjiē]

在区境北部。东起凤凰北路，西至文化北路。与花园路、文化路、大桥路、万福路等相交。长 1.6 千米，宽 35.0 米。沥青路面。1980 年开工，1981 年建成。以美好的寓意命名为龙潭，因位置靠西，故为龙潭西大街。两侧有十八乐超市、新华书店等。是城区重要的东西主干道之一。通

公交车。

龙潭东大街 371202-K12
[Lóngtán Dōngdàjiē]

在区境北部。西起文化北路，东至凤凰路。与胜利路、文化路、万福路等相交。长1.6千米，宽35.0米。沥青路面。1980年开工，1981年建成。以美好的寓意命名为龙潭，因位置靠东，故为龙潭东大街。道路沿线商铺众多。两侧有市行政服务大厅、市检察院、是财政局等单位。是城区重要的东西主干道之一。通公交车。

长勺北路 371202-K13
[Chángsháo Běilù]

在区境西部。南起鲁中西大街，北至口镇正顺路。与鲁中大街、龙潭大街、嬴牟大街、汶源大街等相交。长7.2千米，宽30.0~50.0米。沥青路面。1981年开工，1982年建成，1986年改建。1987年命名为长征路，1994年以齐鲁长勺之战遗址更名为长勺路，以该路位置靠北，名长勺北路。道路沿线商铺众多。两侧有红石公园、莲河公园、莱芜市医院、鲁中矿业公司等。是贯穿莱芜市南北的中轴线。通公交车。

长勺南路 371202-K14
[Chángsháo Nánlù]

在区境西部。南起汶河大道向南延伸至鄂牛路，北至鲁中西大街。与凤城大街、鹏泉大街相交。长2.2千米，宽30.0~50.0米。沥青路面。1981年开工，1982年建成，1986年改建。1987年命名为长征路，1994年以齐鲁长勺之战遗址更名为长勺路，以该路位置靠南，名长勺南路。道路沿线商铺众多。两侧有红石公园等。是贯穿莱芜市南北的中轴线。通公交车。

文化南路 371202-K15
[Wénhuà Nánlù]

在区境中部。过汶河大道至顺河北街，北至鲁中西大街。与凤城大街、鲁中大街相交。长2.2千米，宽40.0米。沥青路面。1979年开工，1987年建成，1996年改扩建。因路侧多为文化单位，该路位置靠南，故名。道路沿线多为政府、学校等机关事业单位，文化氛围浓厚。两侧有莱芜市人民医院、莱芜市老干部活动中心、凤城街道办事处、银座商城等，广植银杏树、松树、柏树等。是城区重要的主干道路。通公交车。

文化北路 371202-K16
[Wénhuà Běilù]

在区境中部。南起鲁中西大街，北至嬴牟大街。与鲁中大街、龙潭大街、雪湖大街等相交。长3.4千米，宽40.0米。沥青路面。1985年开工，1987年建成，1996年改扩建。因路侧多为文化单位，该路位置靠北，故名。道路沿线多为政府、学校等机关事业单位，文化氛围浓厚。两侧有莱芜市人民政府、莱芜市工商局、莱芜市地税局、莱芜市住建局和莱芜市委党校、陈毅中学及信誉楼等大型商城，广植银杏树、松树、柏树等。是城区重要的主干道路。通公交车。

莱城大道 371202-K17
[Láichéng Dàdào]

在区境中部。南起汶河大道，北至口镇正顺路。与鲁中西大街、龙潭西大街、汇河大道等相交。长6.7千米，宽34.0米。沥青路面。2007年开工，2008年建成。以行政区域名称命名。道路沿线村庄较多，村庄建筑有明确的轴线和主从关系，错落有致，体现出强烈的历史文化积淀和地域特色。两侧有口镇工业园区等。是连接莱芜城区与口镇等乡镇的主要道路。通公交车。

苍龙泉大街 371202-K18
[Cānglóngquán Dàjiē]

在区境中部。东起京沪高速，西至原山路。与凤凰路、滨河东路、滨河西路相交。长3.0千米，宽12.0米。沥青路面。2012年开工，2013年建成。以当地泉名命名。道路沿线企业厂区密集。两侧有莱芜艺术馆、鹏程工业园等。属城市次干道，通公交车。

大桥路 371202-K19
[Dàqiáo Lù]

在区境中部。南起汉江大街，北至嬴牟东大街。沿线与龙潭东大街、鲁中东大街、鹏泉东大街、凤城东大街、汶河大道相交。长4.3千米，宽32.0米。沥青路面。20世纪80年代至90年代初期建成。因早期道路位于大桥村境内，故名。道路沿线企业厂区密集。两侧有荣军医院、吴伯箫学校、莱芜市公路局、博宇大厦、俊龙广场等。属城市主干道。有莱芜汽车总站，通公交车。

凤凰路 371202-K20
[Fènghuáng Lù]

在区境中部。南起莱城区、钢城区交界处，北至莱芜北收费站。与汇源大街、汇河大街、鹏泉东大街、鲁中东大街、苍龙泉大街、龙潭东大街、汶水大街、山财大街相交。长11.2千米，宽30.0米。沥青路面。2001年4月开工，2001年11月建成。因莱芜古有凤凰城之传说而命名为凤凰路。沿线艺术文化氛围特色突出。两侧有莱芜市科技馆、莱芜市文化馆、莱芜市图书馆、中国莱芜钢铁博物馆、莱芜市规划馆、莱芜梆子剧院和莱芜会展中心等。是城区南北向主干道之一。通公交车。

汇源大街 371202-K21
[Huìyuán Dàjiē]

在区境中部。东起五台山路，西至原山路。与汶河大道、原山路、凤凰路、旺福山路、云台山路相交。长3.7千米，宽24.0米。沥青路面。2001年4月开工，2001年11月建成。以当地河流汇河命名，取汇河源头之意。道路沿线多为企事业单位。两侧有莱芜高新技术开发区管委会、莱芜国家高新区创业服务中心、莱芜市第一中学等。是城区东西向主干道之一。通公交车。

鹏泉东大街 371202-K22
[Péngquán Dōngdàjiē]

在区境中部。东起九龙山路，西至文化南路。与棋山路、凤凰路、原山路、大崮山路相交。长4.8千米，宽17.0米。沥青路面。以境内名泉鹏山泉命名为鹏泉大街，以文化路交会处为分界点分为东、西两街，该街在东，故名。2001年8月开工，2002年7月建成。沿线餐饮店铺密集，是具有莱芜特色的美食街。两侧有高新区裕丰小学、泰山啤酒有限公司、莱芜公交驾校、益寿堂批发超市、贵都大酒店等。属城市次干道，通公交车。

山财大街 371202-K23
[Shāncái Dàjiē]

在区境中部。东起莱芜职业技术学院，西至长勺北路。与香山路、马鞍山路、凤凰北路、世纪城路相接。全长5.3千米，宽32.0米。沥青路面。2009年5月开工，2010年4月建成。因北侧有山东财经大学莱芜校区而命名为山财大街。沿线高校学区密布，文化氛围浓厚。两侧有山东财经大学莱芜校区、莱芜职业技术学院、莱芜技师学院、世纪城等。属城市次干道，通公交车。

原山路 371202-K24
[Yuánshān Lù]

在区境中部。南起汶河大道，北至龙潭东大街。沿线与鲁中东大街、鹏泉东大街、凤城东大街、汇河大街、汶河大道、滨河西路相交。长4.7千米，宽25.0米。沥青路面。2013年3月开工，2013年7月建成。以莱芜境内原山命名。沿线店铺密集，是具有莱芜特色的美食街。两侧有中国联通原山路营业厅、莱芜市电视台、南方商城、高新区国税局等。属城市次干道，通公交车。

汇河大道 371202-K25
[Huìhé Dàdào]

在区境西部。东起长勺北路，西至泰山路。沿线与莱城大道相交。长8.7千米，宽23.0米。沥青路面。2007年开工，2008年建成。以汇河命名。道路沿线村庄、厂房园区较多。两侧有九羊集团、口镇工业园区等。是连接莱芜东西乡镇的重要道路。通公交车。

车站

莱芜东站 371202-R01
[Láiwú Dōngzhàn]

铁路三等站。在莱城区大桥北路。1959年始建，1975年扩建。因位于莱城东北方向，故名。有站房楼、办公楼、站台，有一天一对普客列车经停。是客货混运站，主要为莱芜钢铁集团运煤炭、矿粉等。

苗山站 371202-R02
[Miáoshān Zhàn]

铁路四等站。位于莱城区苗山镇境内，南邻上朱家店。1974年始建。因地处苗山镇境内，故名。有铁路工作间、站台。为货运中间站，主要为莱芜钢铁集团运煤炭、矿粉等。

常庄站 371202-R03
[Chángzhuāng Zhàn]

铁路四等站。位于莱城区苗山镇境内，南邻常庄村。1974年始建。因地处原常庄乡境内，故名。有铁路工作间、站台。有一天一对普客列车经停。是客货混运站，主要为莱芜钢铁集团运煤炭、矿粉等。

司家岭站 371202-R04
[Sījiālǐng Zhàn]

铁路四等站。位于莱城区杨庄镇境内，北靠司家岭村。1974年始建。因地处司家岭村，故名。有铁路工作间、站台。为货运中间站，主要为莱芜钢铁集团运煤炭、矿粉等。

莱芜汽车总站 371202-S01
[Láiwú Qìchē Zǒngzhàn]

一级汽车客运站。位于大桥南路与汶河大道交汇处。1950年莱芜成立临时汽车站，1952年莱芜汽车站在莱城官寺成立，1959年迁至胜利南路，1982年在原址改扩建并于1984年建成。2005年新站开工建设。包括主体站房、候车大厅、售票大厅、综合服务楼、调度中心。有100多条客运线路，年客运量511万人次，年货运量1 500万吨。是莱芜市与省内各地和全国主要城市间长途客运的现代化车站。

钢城区

城市道路

府前大街 371203-K01
[Fǔqián Dàjiē]

在区境中部。东起新兴路，西至永兴

路。与文化路、朝阳路相交。长 3.4 千米，宽 44.0 米。沥青路面。2010 年开工，2012年建成。因在钢城区区政府门前而得名。是钢城区特色的文化名街和行政服务街。两侧有区政府、区教体局、区民政局、莱芜四中、莱钢集团等单位。为城区东西向主干道，通公交车。

钢都大街 371203-K02
[Gāngdū Dàjiē]

在区境东部。东起东外环路，西至前进路。与双泉路、永兴路相交。长 5.0 千米，宽 30.0 米。沥青路面。2008 年开工，2013年建成。因莱钢集团及以钢铁为支柱产业而得名。道路沿线有大型商场、酒店等，具有休闲娱乐、购物、住宿的功能，是钢城区特色的文化名街和商业街。两侧有鲁百商厦、新兴商厦、银座佳驿酒店、莱钢高级中学等。为城区东西主干道之一。通公交车。

永兴路 371203-K03
[Yǒngxīng Lù]

在区境西部。南起南湖大街，北至黄羊山大街。与府前大街、钢都大街、九龙大街相交。长 8.0 千米，宽 27.0 米。沥青路面。因希望钢城新建城区振兴发展而得名。是钢城区比较重要的商业街。两侧有钢城区财政局、钢城区交通局、莱钢下属企业等，东部有艾山公园。是钢城区南北向重要通道。有钢城汽车站，通公交车。

车站

钢城汽车站 371203-S01
[Gāngchéng Qìchē Zhàn]

二级长途汽车站。在钢城区永兴路。1993 年始建，1995 年建成。以所在行政区钢城区命名。车站设有候车厅、售票处、停车场，日班车辆 200 多个，是钢城区内街道、乡镇间及与外界连接的重要枢纽。

四　自然地理实体

莱芜市

河流

牟汶河 371200-22-A-b01
[Mùwèn Hé]

内陆河。在市境中南部。因在莱芜境内，近古牟城，故名牟汶河。牟汶河在大汶河上游，上游分南北两源，以南源为主流，发源于莱芜市钢城区黄庄镇旋崮山东麓，向西北流经台子村，经北通香峪、桑家庄，再向西北经沙岭子村南、丈八丘村北至傅家桥，又流经宋家庄村南迂回西流至回家庄，汇莲花山东麓诸水后转向北流，穿葫芦山水库至颜庄东，并纳东来的颜庄河（又称里辛河）北流至下北港，与北源而来的辛庄河汇流，合流后始称牟汶河。牟汶河左转又西流至莱城南，右有孝义河，左有莲花河、新甫河汇入。自此，牟汶河由山区进入泰莱平原，又沿莲花山北麓西流，左岸又有牛泉河、圣井河流入，右岸有嘶马河、方下河汇流，西流经马小庄入泰安境。牟汶河从发源地至出莱芜境长 65.5 千米，流域面积 1 372.96 平方千米。多年平均年径流量 1.72 亿立方米。沿线多为村庄。沿河景区成为群众休闲垂钓的乐园。主要支流有莲花河、新甫河、汶南河、方下河等。

嬴汶河 371200-22-A-b02
[Yíngwèn Hé]

内陆河。在莱芜市境中西部。因流经古嬴城，故名嬴汶河。是大汶河三大源流之一，古史旧志多以此河为大汶河之主流，并有"汶出莱芜原山之说"。发源于章丘市南部山区阎家峪乡九顶山东坡的池凉泉，沿峡谷蜿蜒南流，穿长城岭（古齐长城）进入莱芜北境，经茶业口镇曲折南流，纳嵬石河，又西流注入雪野水库，并与西来的通天河汇合，由雪野水库南流 5 千米至山口村，由山区流入泰莱平原。嬴汶河出山后又向西南流，右岸先后有大槐树河、寨里河汇入，至王家洼村经杨庄西出境。从发源地至出莱芜境长 71.5 千米，流域面积 845.88 平方千米。境内长 59 千米，流域面积 743.28 平方千米，下游河道一般宽 320 米左右，最宽处 600 米左右。1957 年冬暖河段出现洪峰流量 1 840 立方米 / 秒。主要支流有上游河、寨里河、大槐树河等。

盘龙河 371200-22-A-b03
[Pánlóng Hé]

内陆河。位于莱芜市莱城东北部。1935 年《续修莱芜县志·莱芜县全图》标注为牟汶河。因在前盘龙村东入汶河，中华人民共和国成立后称为盘龙河。发源于莱城区苗山镇古德范村一带，流经钢城区辛庄镇，在莱城区鹏泉街道前盘龙村汇入辛庄河。全长 26 千米，河床最大宽度 100 米，平均宽度 40 米，流域面积 88.6 平方千米，多年平均径流量 0.18 亿立方米。

莱城区

山

老虎岭 371202-21-G01
[Lǎohǔ Lǐng]

属泰山。在省境中部，莱城区西北大王庄镇境内。相传古时此处人烟稀少，树木繁茂，常有老虎出没，故名。海拔506米。植被多松树、刺槐等，有野兔、刺猬等野生动物。省道枣徐公路经此。

团山 371202-21-G02
[Tuán Shān]

属泰山。在省境中部，莱城区北部雪野镇境内。因山体呈圆形，故名团山。海拔396米。植被多松树、柏树等，有野兔、刺猬等野生动物。有公路经此。

仙人山 371202-21-G03
[Xiānrén Shān]

属徂徕山。在省境中部，莱城区南部高庄街道境内。因传说古时仙人安期生在此修炼，故名。海拔509米。植被多松树、柏树等、有野兔、刺猬等野生动物。有公路经此。

磨池岭 371202-21-G04
[Móchí Lǐng]

属泰山。在省境中部，莱城区北部雪野镇境内。因山腰有一层可作为磨刀用的石头，故名。海拔689米。植被多松树、刺槐等，有野兔、刺猬等野生动物。有公路经此。

凤凰山 371202-21-G05
[Fènghuáng Shān]

属泰山。在省境中部，莱城区北部雪野镇境内。因相传古时有凤凰在此栖息，故名。海拔579米。植被多松树、刺槐等，有野兔、刺猬等野生动物。有公路经此。

犁铧尖子 371202-21-G06
[Líhuá Jiānzi]

属泰山。在省境中部，莱城区西北大王庄镇境内。因山顶形似犁铧而立，故名。海拔795米。植被多松树、刺槐等，有野兔、刺猬等野生动物。有公路经此。

黑老婆寨 371202-21-G07
[Hēilǎopó Zhài]

在省境中部，莱城区东北苗山镇境内。因传说古时有一面色较黑的女子在此占山为王，故名。海拔495米。植被多松树、柏树等，有野兔、刺猬等野生动物。有公路经此。

虎山 371202-21-G08
[Hǔ Shān]

属徂徕山。在省境中部，莱城区西南牛泉镇境内，莱芜、新泰交界处。相传古时柳沾雄在此占山为王，该山是擂鼓助战的地方，故曾名鼓山，后谐音为虎山。海拔503米。植被多松树、柿树等，有野兔、刺猬等野生动物。有公路经此。

虫山 371202-21-G09
[Chóng Shān]

在省境中部，莱城区东北苗山镇境内。因传说有一条大虫（老虎）经常出没伤人，后被雷电劈死，故名。海拔467米。植被多松树、柏树等，有野兔、刺猬等野生动物。有公路经此。

莲花山 371202-21-G10
[Liánhuā Shān]

属徂徕山。在省境中部，莱城区南部

高庄街道境内，莱芜、新泰交界处。因群山拱围，尖状如莲花，故名。海拔 994 米。植被有松树、杨树、槐树、柞树、荆棵、针叶林灌丛等，有野兔、刺猬等野生动物。有公路经此。

云台山 371202-21-G11
[Yúntái Shān]

属徂徕山。在省境中部，莱城区西南牛泉镇境内。因其外形似龟，又名龟山，因主峰顶为平台，常有云雾缭绕山间，故名。海拔 576 米。植被多刺槐、柿树、花椒等，有野兔、刺猬等野生动物。有公路经此。

笔架山 371202-21-G12
[Bǐjià Shān]

属徂徕山。在省境中部，莱城区西南牛泉镇境内。因山崖形似笔架，故名。海拔 546 米。植被多松树、柏树等，有野兔、刺猬等野生动物。有公路经此。

马咀山 371202-21-G13
[Mǎzuǐ Shān]

属徂徕山。在省境中部，莱城区南部高庄街道境内。因山崖形似张着嘴的马头，故名。海拔 556 米。植被多松树、柏树等，有野兔、刺猬等野生动物。有公路经此。

蒙山坡子 371202-21-G14
[Méngshān Pōzi]

属徂徕山。在省境中部，莱城区南部高庄街道境内，高庄、牛泉两镇交界处。名称来历无考。海拔 392 米。植被多松树、柏树等，有野兔、刺猬等野生动物。有公路经此。

南大顶子 371202-21-G15
[Nándà Dǐngzi]

属徂徕山。在省境中部，莱城区南部

高庄街道境内，莱芜、新泰交界处。因在田家林南，山顶似倒扣的铁锅，故名。海拔 563 米。植被多松树、柏树等，有野兔、刺猬等野生动物。有公路经此。

轿马人伕山 371202-21-G16
[Jiàomǎrénfū Shān]

在省境中部，莱城区中部口镇境内。因山顶原有三块巨石，分别形似轿、马、人伕，故名。海拔 368 米。植被多松树等，有野兔、刺猬等野生动物。有公路经此。

吊鼓山 371202-21-G17
[Diàogǔ Shān]

属徂徕山。在省境中部，莱城区南部高庄街道境内。相传明朝时期，李本造反起义，在此被官兵围困，为突围，设悬羊击鼓迷惑官兵，李本率众脱险，由此得名悬羊吊鼓山，后简称吊鼓山。海拔 463 米。植被多松树、柏树等，有野兔、刺猬等野生动物。有公路经此。

香山 371202-21-G18
[Xiāng Shān]

属泰山。在省境中部，莱城区西北大王庄镇境内。因山中盛产香草得名。海拔 918 米。有花岗岩和石英石，植被多松树、刺槐等，有野兔、刺猬等野生动物。有公路经此。

曹操峪顶 371202-21-G19
[Cáocāoyù Dǐng]

属泰山。在省境中部，莱城区北部雪野镇境内，莱芜、章丘交界处。相传古时曹操曾率兵经此，故名。海拔 603 米。植被多松树等，有野兔、刺猬等野生动物。有公路经此。

马头崖 371202-21-G20

［Mǎtóu Yá］

在省境中部，莱城区东北苗山镇境内。因山崖形似马头，故名。海拔 553 米。植被多松树等，有野兔、刺猬等野生动物。有公路经此。

铜顶 371202-21-G21

［Tóng Dǐng］

属泰山。在省境中部，莱城区北部雪野镇境内。因古时山顶曾发现铜矿，故名。海拔 565 米。植被多松树、刺槐等，有野兔、刺猬等野生动物。有公路经此。

阁老寨 371202-21-G22

［Gélǎo Zhài］

属泰山。在省境中部，莱城区东北茶业口镇境内。因靠近阁老村，故名。海拔 688 米。植被多松树、刺槐等，有野兔、刺猬等野生动物。有公路经此。

大山 371202-21-G23

［Dà Shān］

属泰山。在省境中部，莱城区东北部，羊里镇、大王庄镇、雪野镇的交界处。因该山为附近群山最主要的一座，故名。海拔 623 米。植被多松树、柏树等，有野兔、刺猬等野生动物。有公路经此。

大舟山 371202-21-G24

［Dàzhōu Shān］

在省境中部，莱城区西北羊里镇境内，羊里镇、大王庄镇的交界处。因形如舟，故名。海拔 300 米。植被多松树、刺槐等，有野兔、刺猬等野生动物。有公路经此。

鹿鸣山 371202-21-G25

［Lùmíng Shān］

在省境中部，莱城区中部凤城街道境内。传说古时此山有一只仙鹿助人为乐，造福村民，人们为了纪念它，取名鹿鸣山。海拔 282 米。植被多松树、刺槐等，有野兔、刺猬等野生动物。有公路经此。

夹岭 371202-21-G26

［Jiá Lǐng］

在省境中部，莱城区东北苗山镇境内，鹏泉街道与苗山镇的交界处。因两山相夹而得名。海拔 473 米。植被多松树等，有野兔、刺猬等野生动物。有公路经此。

万福山 371202-21-G27

［Wànfú Shān］

在省境中部，莱城区鹏泉街道北。因山形如冠，曾名冠山。世传有一个妇女因丈夫久役不归，登山而望，久化为山石，故又称望夫山。万福山的名字由冠山和望夫山名称演变而来。海拔 539 米。山顶有一天然巨石似人形，植被以松树、栗子树为主。通公交车。

洞穴

朝阳洞 371202-21-N01

［Cháoyáng Dòng］

石灰岩洞穴。在省境中部，莱城区南部高庄街道境内。因洞口在凤凰寨之阳而得名。洞口高、宽各 3 米；洞口内高 5 米，宽 6 米，深近 30 米，上有直径 2 米、深 25 米的假洞；大洞东北有小洞延伸，深不可测；洞内建有道教寺庙一座。近期无开发条件。有公路经此。

和尚洞 371202-21-N02
[Héshang Dòng]

石灰岩洞穴。在省境中部，莱城区西南牛泉镇境内，云台山阴半山腰。相传古时有个和尚曾在此修炼，故名。洞口向西，高 7 米，宽 12 米，深无可测。近期无开发条件。有公路经此。

河流

方下河 371202-22-A-b01
[Fāngxià Hé]

内陆河，牟汶河支流。在省境中部，莱城区西北部。因流经方下，故名。发源于和庄镇上佛羊一带，流经苗山、口镇、方下三个镇，汇入牟汶河。长 42.5 千米，河宽 160~250 米，流域面积 226 平方千米，径流量 890 立方米 / 秒。沿线流经地区多为村庄，沿河形成休闲娱乐景观。

泉

郭娘泉 371202-22-I01
[Guōniáng Quán]

冷泉。在省境中部，莱城区西南牛泉镇境内东泉河村东。相传古时有一郭姓老太发现此泉，解决了村民喝水问题，故后人称之为郭娘泉。泉最高水位 16 米，最低水位 5 米。泉水清澈透明，流入汶河。现涌量大减。近期无开发条件。有公路经此。

水河泉 371202-22-I02
[Shuǐhé Quán]

冷泉。在省境中部，莱城区中部口镇境内泉头村西侧。因处于水河上游，故称水河泉。泉区原有大小十几个泉眼，主泉喷水最高时近半米，流量每秒 0.3 立方米。

泉水清澈透明，现涌量大减。近期无开发条件。有公路经此。

牛王泉 371202-22-I03
[Niúwáng Quán]

冷泉。在省境中部，莱城区西南牛泉镇境内东牛泉村东。为了感念神牛和名泉，明洪武年间命名牛王泉。泉最高水位 6 米，最低水位 1 米。泉水清澈透明，流入汶河。现涌量大减。近期无开发条件。有公路经此。

钢城区

山

棋山 371203-21-G01
[Qí Shān]

在省境中部，钢城区里辛镇东。顶峰有平坦巨石，上有椭圆形石盘，石盘上有综合交错的纹路，宛如棋盘，上摆石块如棋子，故名。海拔 596 米。植被以松、刺槐、桃、板栗、苹果、山楂等林种为主。有公路经此。

旋崮 371203-21-G02
[Xuán Gù]

在省境中部，莱芜市钢城区东南。相传原来山上有很多神怪，老百姓用俗语称"玄"，改山形态为方形，后命名为旋崮。海拔 729 米。植被多为松树，有经济作物桃树、柿树、软枣树等，中药野生丹参、柴胡、蝎子。矿藏主要有花岗岩、长石、白石英石。有公路经此。

寄母山 371203-21-G03
[Jìmǔ Shān]

在省境中部，钢城区辛庄镇。传梁山好汉李逵由家接母经此，其母被虎害后葬于此，故名。海拔 594 米。植被多松、柏、刺槐等，是莱芜最大的林场。有公路经此。

九龙山 371203-21-G04
[Jiǔlóng Shān]

在省境中部，钢城区颜庄镇。九龙山南北走向共有九个山头，九个山头山脊连在一起，似九龙聚首，蓄势腾飞，故名。海拔615.8米。植被以针叶林为主，另有核桃树、李子树、苹果树、枣树等。磁莱铁路、莱新高速公路经此。

河流

颜庄河 371203-22-A-b01
[Yánzhuāng Hé]

大汶河支流。在省境中部，钢城区东部。以颜庄镇命名。发源于莱芜市里辛街道马泉村，流经棋山观、焦家庄等村，在郑王庄村同王庄河汇流后，在颜庄镇东泉村处汇入大汶河。全长17千米，河道平均宽度15米，流域面积74平方千米，颜庄河上游位于丘陵地区，下游入大汶河处地势相对平坦。沿线流经地区多为村庄。不具备通航能力，是一条具有防洪、排涝等综合效益的河道。主要支流有王庄河、棋山河。

辛庄河 371203-22-A-b02
[Xīnzhuāng Hé]

牟汶河支流。在省境中部，莱芜市钢城区北部。辛庄河因主要分布在辛庄镇境内，故名辛庄河。发源于三府山西麓的砟峪、裴家庄一带，经铁车村，穿乔店水库，至百嘴红村与北来的盘龙河汇流，下游又经赵家泉村与南源合流为牟汶河。长29.3千米，平均宽度42米，流域面积72.5平方千米，多年平均径流量4 174万立方米。为山丘区河道，沿线流经地区多为村庄。不具备通航能力，是一条具有防洪、排涝等综合效益的河道。

五　名胜古迹、纪念地和旅游地

莱城区

纪念地

莱芜市战役纪念馆 371202-50-A-a01
[Láiwú Shì Zhànyì Jìniànguǎn]

在莱城区中部。为纪念莱芜战役而修建，故名。1997年在原莱芜革命烈士陵园的基础上改建而成，2007年进行全面升级改造。纪念馆的革命烈士纪念塔、展览馆和全景画馆三大主体建筑成"品"字布局，革命烈士纪念塔高19米，以花岗石砌成，为全国100个重点纪念塔之一。莱芜战役是中国人民解放军作战史上运动战的光辉范例，是世界军事史上100个经典战例之一，是莱芜乃至全省各级党政机关、社会团体及广大人民群众进行爱国主义、革命传统和国防教育的重要基地。2001年6月被评为国家级爱国主义教育基地。通公交车。

汪洋台展览馆 371202-50-A-b01
[Wāngyángtái Zhǎnlǎnguǎn]

在莱城区茶业口镇吉山村。为纪念吉山战斗中牺牲的汪洋等烈士而建，故名。1945年8月，吉山钓鱼台改建为汪洋台，台上建有汪洋亭，亭中树烈士碑一座，碑上刻有山东省党、政、军领导舒同、廖荣标、李念林等人的题词。展览馆占地南北长20米，宽15米，有展览室4间，内展有吉山战斗、茶业民兵对敌斗争的遗址照片与文字材料。是莱芜市重要的红色文化教育基地之一。1998年被批准为山东省爱国主义教育基地。有公路经此。

吴伯箫故居 371202-50-A-c01
[Wúbóxiāo Gùjū]

在莱城区吴花园社区南部。为吴伯箫故居，故名。最早为吴伯箫祖父于清同治二年（1863）所建，1933年进行翻修，莱芜战役期间部分房屋被毁，1947年重新修缮。为四合院建筑，占地南北长20米，宽16米。有房18间，陈列着吴伯箫生前用的桌、椅、床等生活用具。墙上用照片、文字展板的形式，概要地再现了吴伯箫的一生。1997年12月被认定为莱芜市重点文物保护单位。通公交车。

重点文物保护单位

嬴城遗址 371202-50-B-a01
[Yíngchéng Yízhǐ]

在莱城区羊里镇城子县村北。为古嬴城遗址，故名。1973年3月发现。占地长、宽各380米，原城墙用土夯而成，高约6米，宽约10米。有四个城门，为东门、南门、北门、北顺水门。嬴城遗址出土作为官方量具的陶釜的残片，充分证明了当时嬴城在齐国重要的经济地位。2013年被批准为国家级重点文物保护单位。有公路经此。

齐长城遗址莱芜段 371202-50-B-a02

[Qíchángchéng Yízhǐ Láiwúduàn]

在莱城区北部。为春秋战国时期齐国修建的军事防御工程，故名。主要由关隘、城墙、烽火台三部分组成，莱芜境内自西向东有三大关、十二小关。齐长城是古代劳动人民勤劳智慧的结晶，展现了古代劳动人民高超的建筑艺术。2001 年 6 月被批准为国家级重点文物保护单位。有公路经此。

蔡家镇经幢 371202-50-B-b01

[Càijiāzhèn Jīngchuáng]

在莱城区口镇蔡家镇村。由所在位置和性质得名。建于唐景龙三年（709）。通高 3.62 米，由盖、身、座三部分组成。柱呈八棱形，周长 2.24 米。盘盖呈八角瞻亭形状，八翼飞角上翘。柱上刻"佛顶尊胜陀罗尼经"，共刻经文 64 行，每行最多 95 字。经文楷书，阴刻，经文中有的字看不清楚，总体保存较好，是莱芜境内仅存佛顶尊胜陀罗尼经幢。2006 年 12 月被批准为省级重点文物保护单位。有公路经此。

汶阳遗址 371202-50-B-b02

[Wènyáng Yízhǐ]

在莱城区鹏泉街道汶阳村北。该遗址因所在地汶阳村而得名。1983 年 3 月发现。遗址为黄沙土高台地，南北长 500 米，宽 300 米，南、北是冶炼遗址。东区的东、南被村庄叠压，中区是农田。为研究汶河上游文化的发展及其特点提供了丰富的原始资料，也为证明汶河上游在四五千年前就有人类繁衍生息提供了可靠的实物依据。2013 年被批准为省级重点文物保护单位。通公交车。

长勺之战遗址 371202-50-B-c01

[Chángsháozhīzhàn Yízhǐ]

在莱城区苗山镇杓山南。公元前 684 年，齐鲁长勺之战发生于此，故名。1983 年 4 月发现。遗址有南北两处，其一在西杓山村西南 300 米的学校，遗址东、北两面是杓山河，南、西两面为斜坡，南北长 100 米，宽 70 米。地貌由南向北渐高，形成三个台面。距离地面 0.5 米处有文化层。其二是在西杓山村南的杓山西北。遗址内有石器、青铜器、陶片等。为研究春秋时期的历史提供了一定的原始资料。1999 年 8 月被批准为莱芜市重点文物保护单位。有公路经此。

风景名胜区

莱芜雪野风景名胜区 371202-20-C-b01

[Láiwú Xuěyě Fēngjǐngmíngshèngqū]

在莱城区雪野镇。面积 90.5 平公千米。因整个风景区均位于雪野镇内，故名。2000 年 12 月被批准为省级风景名胜区。分雪野湖、齐长城和房干三个景区。雪野湖景区主要有雪野湖、雪野现代农业科技示范园和雪野航空科技体育公园等。雪野现代农业科技示范园，又称雪野农博园，是国家 AAAA 级景区。园内有科技温室 5 个，内有热带雨林、各类姜科植物、高科技蔬菜、珍稀花卉等 2 000 余种植物；有手艺农村展馆，内有各类山东农村文化产业调研成果展品 4 000 余件。雪野航空科技体育公园是目前国内最大的航空体育主题公园，是国际航空体育节在中国的永久举办地。齐长城景区主要有锦阳关，为春秋战国齐长城重要关隘，今尚存 0.6 千米较为完整的石砌墙体，残存城墙最高 7.5 米，最厚 6 米。房干景区有近百类植物，20 多野生动物和百余种鸟类、8 座水库。莱芜雪野风景名胜区是以马鞍山、九龙大峡谷、雪野湖等自然景观，齐长城遗址等人文景观为风景特征，具有游览观光、康养度假、运动健身和科研科普等多功能的省级风景名胜区。京沪高速在雪野设有出入口，省道临仲公路穿境而过，通公交车。

重要景点和一般名胜古迹

莲花山景区 371202-50-D-a01
[Liánhuā Shān Jǐngqū]

在莱城区高庄街道刘家林村南，是莱芜市与新泰市的界山。因九峰拱围如莲，故名。有观音圣境、莲花天池、槐香峪等六大游览区，以佛教文化、帝王文化为主题，丰富了人民群众的文化生活。2005 年 12 月被批准为国家 AAA 级景区。通公交车。

房干风景区 371202-50-D-a02
[Fánggàn Fēngjǐngqū]

在莱城区雪野镇房干村。以所在村庄命名。以生态环保为特色、绿色为主题，汇山、水、林、泉、潭、瀑、峡、洞、石等自然景观于一处，主要景观有九龙大峡谷、金泰山、石云山、天门峡、桃花源、万寿崖、日观峰等。给市民提供游玩、娱乐场所，丰富了文化生活。2007 年 1 月被批准为国家 AAAA 级景区。有公路经此。

龙山景区 371202-50-D-a03
[Lóng Shān Jǐngqū]

在莱城区茶业口镇。因龙山独特的自然形态而得名。有百米大峡谷，主要景点有潭龙道场、万亩樱桃园、龙山桂花园、龙山书画院、游乐广场、龙山公园、八仙洞、大小葫芦峪、旋风顶等。蜿蜒起伏的自然山势，犹如一条巨龙静卧，山脚下的金龙潭恰似一颗明珠，形成"游龙戏珠"的奇特景观。给市民提供游玩、娱乐场所，丰富了文化生活。2014 年 12 月被批准为国家 AAA 级景区。有公路经此。

笔架山景区 371202-50-D-a04
[Bǐjià Shān Jǐngqū]

在莱城区牛泉镇庞家庄村。相传，东晋书圣王羲之与文人墨客在此地研讨书法之时，风吹纸卷，他急忙搁笔按纸，猛抬头，发现该山形似笔架，故名。有中国王羲之碑林、华夏名亭园、摩崖石刻、民俗、生态农业观光区、休闲娱乐服务六个功能区。给市民提供游玩、娱乐场所，丰富了文化生活。2008 年被批准为国家 AA 级景区。有公路经此。

王石门景区 371202-50-D-a05
[Wángshímén Jǐngqū]

在莱城区大王庄镇王石门村。因位于王石门村而得名。以原始自然风光和田园民俗旅游为特色，主要景点有"三谷两湖一天村"，"三谷"即九天大峡谷、石门大峡谷、槐花谷，"两湖"即九天湖、九龙湖，"天村"即王石门村。给市民提供游玩、娱乐场所，丰富了文化生活。2014 年被评为国家 AAA 级景区。枣徐公路经此。

自然保护区

华山国家森林公园 371202-50-E-a01
[Huá Shān Guójiā Sēnlín Gōngyuán]

在莱芜市西北部。西、南与大王庄镇相邻；北与雪野镇接壤；西北与章丘市垛庄镇相连，东南为羊里镇。规划面积 4 603.3 公顷。因山势如西岳华山而得名。位于莱芜北部山区，属暖温带大陆性季风气候，年降水量较其他地区多。植被多为松树、槐树等。2013 年 12 月被批准为国家级森林公园。有国家 I 级重点保护植物银杏、水杉，国家 II 级保护植物野大豆、中华结缕草、紫椴。国家 II 级保护鸟类苍鹰、雀鹰、普通鵟、领角鸮、斑头鸺鹠、红脚隼、红隼、雕鸮、鸢、纵纹腹小鸮、长耳鸮、短耳鸮等。促进地区经济发展，带动周边地区增加经济收入。有公路经此。

钢城区

重点文物保护单位

莱芜战役指挥所 371203-50-B-a01
[Láiwú Zhànyì Zhǐhuīsuǒ]

在钢城区辛庄镇石湾子村。因华东野战军司令员兼政治委员陈毅在此指挥莱芜战役得名。旧址是 1917 年修建的四合院建筑，后改造成展览室。莱芜战役指挥所是开展群众和党员爱国主义和革命历史教育的一个阵地，也是一个红色旅游的景点，由此也带动了当地经济的发展，2005 年被确定为山东省爱国主义教育基地，2013 年 5 月被批准为国家级重点文物保护单位。有公路经此。

牟国故城遗址 371203-50-B-a02
[Mùguó Gùchéng Yízhǐ]

在钢城区北部。周代至汉代时期，古牟国在此建城，故名。牟国故城呈长方形，南北长 620 米，宽 520 米，面积近 32 万平方米。城墙用土夯筑而成，残高 2 米，顶宽 3 至 5 米，有东、南、西北三个城门。南墙外有城壕，西、北两面以牟汶河为壕。南城门呈凹字形，推测有瓮城，高约 15 米。先仅存西北角一段残墙基，高约 2 米，上宽 1 至 2 米。城址内采集有磨制石器、商周时期的绳纹陶片，以及周代的陶罐、汉代的陶片及墓砖、唐代的瓦当等文物。牟国故城遗址规模大，遗存种类多，是研究海岱中心区域考古学文化和历史的重要遗迹，也是研究莱芜发展历史的重要遗址。2013 年 5 月被批准为国家级重点文物保护单位。有公路经此。

大字碑 371203-50-B-b01
[Dàzì Bēi]

在钢城区里辛街道棋山观村西。因"玄之又玄"四个大字出自雪蓑之手，名雪蓑碑，后命名为大字碑。1991 年建成。碑高 3.13 米，宽 1.18 米，厚 0.42 米。碑文"玄之又玄"系雪蓑所书，阴刻，"之"字为首，一点为龙头状，一捺延至下端，如神龙掉尾，长 2.62 米，"玄又玄"三字在捺左，布局豪放，别具一格。该碑又称龙头凤尾碑，意指作者匠心独具，字如神龙见首不见尾，祥凤见尾不见首。该石碑是齐鲁文化宝库中的一块绚丽的瑰宝，是莱芜市一大文化景观。2013 年 10 月被批准为省级重点文物保护单位。有公路经此。

自然保护区

棋山国家森林公园 371203-50-E-a01
[Qí Shān Guójiā Sēnlín Gōngyuán]

在莱芜市钢城区东北部，莱钢大道以东，韩莱公路以北，棋山观村以南，汶源街道仙人桥村以西。占地面积 15 平方千米。因是以棋山为主的风景区而得名。山地地形，属暖温带大陆性季风气候，年平均降水量 750 毫米，植被覆盖率 70% 以上，以松、刺槐、桃、板栗、苹果、山楂等为主。2014 年被命名为国家森林公园。野生动物较为丰富，其中脊椎动物 45 科、235 种；国家二级保护鸟类 12 种。植被类型划分为针叶林、针阔混交林、落叶阔叶林、灌草丛 4 种类型。是集观光、休闲、娱乐于一体的旅游地。省道莱韩莱公路经此。

六　农业和水利

莱城区

林场

马鞍山林场 371202-60-C01
[Mǎ'ān Shān Línchǎng]

在莱芜市莱城区。总面积15.81平方千米。因所在山体马鞍山而得名。1959年12月以涝汰国有林场为基础成立，1962年始造林，1977年开始抚育间伐。南北长约10千米，东西宽长6千米，设总场一处，下设4个分区、1个营林点。植被多为松树、槐树等。保护森林资源和生物多样性，涵养水源，调节气候，保持水土，促进地区经济发展。有公路经此。

华山林场 371202-60-C02
[Huá Shān Línchǎng]

属莱芜市林业局。在莱芜市莱城区。总面积46.03平方千米。因所在山体华山而得名。1948年始建，1958年扩建。林场历经多年封育，物种资源丰富，有乔木50科200多种，形成以常绿林为主的森林近40平方千米，森林覆盖率为90%，茂密的森林资源为苍鹰、雀鹰、普通鵟、领角鸮等各种野生动物栖息繁衍创造了良好的生态环境。华山林场保护森林资源和生物多样性，涵养水源，调节气候，保持水土，促进地区经济发展。有公路经此。

水库

雪野水库 371202-60-F01
[Xuěyě Shuǐkù]

在莱芜市莱城区雪野镇。因所在地雪野村而得名。1958年11月始建，分两期完成，第一期于1959年4月竣工，第二期于1960年10月竣工。控制流域面积444平方千米，总库容2.21亿立方米，兴利库容1.12亿立方米，死库容0.03亿立方米。多年平均年径流量0.88亿立方米，灌溉面积0.97万公顷。是一座集防洪、工农业供水、发电、水产养殖、旅游等多功能于一体的大型水利骨干工程。济青高速、枣徐公路经此。

钢城区

水库

杨家横水库 371203-60-F01
[Yángjiāhéng Shuǐkù]

在莱芜市钢城区辛庄镇杨家横村。以所在地命名。1959年始建，1961年建成。面积5.3平方千米，平均水深5米，总库容6 000万立方米，平均径流量0.094亿立方米，平均输沙量0.000 15亿立方米，正常蓄水位29.7米，灌溉面积1.2万亩，绿化面积203亩。充分发挥了灌溉农田的功能，改变了杨家横水库灌区靠天吃饭的状况。有公路经此。

灌区

葫芦山水库灌区　371203-60-F02

[Húlú Shān Shuǐkù Guànqū]

在莱芜市钢城区牛马庄村南，葫芦山北。因与葫芦山相邻，故名。1965年2月，水库动工修建，8月竣工。1967年大坝加高1米，续建溢洪道和牛马庄护村堰。面积13.334平方千米，设计灌溉面积2万亩，有效灌溉面积1万亩。灌溉引水方式以自流为主，结合提水。主要灌溉颜庄镇境内耕地。205国道经此。

乔店水库灌区　371203-60-F03

[Qiáodiàn Shuǐkù Guànqū]

在莱芜市钢城区辛庄镇乔店村东。因位于乔店村东，故名。1968年11月动工，1970年7月竣工。1973年10月，南干支渠、西干渠动工。1975年10月，用水泥块石砌护渠道，1976年12月竣工。1977年11月，始建北干渠。1978年和1984年，分别进行帷幕灌浆和高压喷射灌浆，渗漏量减少87%至92%。1993年3月，乔店水库保安全工程开工，1995年11月竣工。2002年5月实施水库除险加固工程，2005年工程全部完成。面积12.08平方千米，设计灌溉面积5.2万亩，有效灌溉面积1.3万亩，实浇面积0.075万亩。灌溉引水方式以自流为主，结合提水。主要灌溉辛庄镇、里辛街道境内耕地。有公路经此。

词目拼音音序索引

ai

艾山街道 15

an

安家台子 31
安仙 24

ba

八大庄 55
八里沟 34

bei

北庵 43
北白座 39
北埠社区 11
北城子坡社区 17
北傅家庄 29
北姜庄社区 13
北麻峪 49
北三官庙 30
北山子后社区 12
北十里铺 20
北坦社区 9
北孝义乡（旧） 9
北腰关 48
北张家庄 24

bi

笔架山 70
笔架山景区 76
毕毛埠 35

bin

滨河花苑 18

bo

鹁鸽楼 33

cai

蔡店 59
蔡家镇经幢 75

cang

仓上 31
苍龙泉大街 65

cao

曹操峪顶 70
曹家庄 23

cha

茶业口 46
茶业口镇 8

chang

常庄 36
常庄乡（旧） 8
常庄站 66
长勺北路 64
长勺南路 64
长勺之战遗址 75
长胜 55

chao

朝阳洞 71

chen

陈家义 32
陈家庄社区 17
陈王石 29
晨晖花苑 19

cheng

城岭 61
城子县 29
程故事社区 13
程家庄 41

chong

虫山 69

cui

崔家庄 21

da

大厂 38
大陡沟 21
大故事社区 13
大崮山 22
大官庄 60
大后坡 37
大槐树乡（旧） 9
大荒峪 34
大龙门 52
大漫子 37

大桥路 65
大桥社区 13
大山 24
大山 71
大石家庄 24
大王庄镇 7
大辛庄 31
大徐家庄 60
大英章 49
大渔池 43
大舟山 71
大庄 34
大字碑 77

dai

戴花园社区 11
戴庄 29

di

地理沟社区 13

diao

吊鼓山 70

dong

东车福 49
东当峪 58
东方红社区 9
东风社区 9
东海花园 19
东红埠岭 57
东见马 36
东龙崮 24
东栾宫 38
东马泉 53
东牛泉 33
东圈 47
东枸山 37
东沈家庄 24

东升社区 10
东田庄 53
东王家庄 56
东王善 21
东汶南 23
东五斗 34
东邹 22
董花园社区 10

dou

陡峪 37
豆腐石 40

du

都市花园 18
独路 41

e

峨峪 48
鄂庄 22

fang

方下北街 31
方下河 72
方下南街 31
方下镇 6
方赵庄 32
芳馨园社区 11
房干 39
房干风景区 76

feng

丰登官庄 32
冯家林社区 13
冯家坡社区 12
冯家庄 54
凤城东大街 63
凤城街道 4
凤城西大街 63

凤凰官庄 44
凤凰路 65
凤凰山 69
凤凰峪 54

fu

府前大街 66
傅宅科 61

gang

钢城经济开发区 14
钢城汽车站 67
钢城区 14
钢城区高新技术开发区 .. 15
钢都大街 67
港里 27

gao

高家店 45
高家岭 54
高家庄 40
高塘 36
高庄 22
高庄街道 5

ge

阁老 46
阁老寨 71

geng

耿公清 32

gong

巩家庄 45

gou

沟头 32

gu

孤山 39
古墩 51
谷家台子 32

gua

瓜皮岭 25
瓜屋子 41

guan

官厂 25
官家 50
官水河 27
官寺社区 12
管家河 21

guo

郭家沟 25
郭家台 57
郭娘泉 72
郭王石 30

hai

海地中航小区 19

han

韩王许 44

he

何家官庄 32
和尚洞 72
和庄 48
和庄镇 8

hei

黑老婆寨 69

hong

洪沟社区 17

hou

侯家台 59
侯家洼 45
后城子 59
后郭庄 45
后宋 25
后峪 60
后朱山 53

hu

胡家桥 55
胡家宅 45
葫芦山水库灌区 79
湖滨园 50
虎山 69

hua

花水泉 27
花峪 38
花园北路 62
花园南路 62
华山国家森林公园 76
华山林场 78

huang

黄花峪 56
黄家洼 54
黄金篮 52
黄路湾 41
黄崖 53
黄崖头 21
黄庄一村 54

hui

汇河大道 66

汇源大街 65

ji

吉山 47
寄母山 72

jia

夹岭 71
贾家洼子 31

jian

见马乡（旧） 8

jiang

江水 27

jiao

焦家庄 54
轿马人伕山 70

jin

金洪小区 51
金莱广场小区 18
金水花苑 51
金域华府 51
锦桥花园 19
近崮 25

jiu

九龙家园社区 16
九龙山 73

kong

孔家庄 25

kou

口镇 5
口镇北街 27

lai

莱城大道 64
莱城区 3
莱芜 2
莱芜东站 66
莱芜高新技术开发区 2
莱芜农业高新技术产业
  示范区 4
莱芜汽车总站 66
莱芜市 1
莱芜市战役纪念馆 74
莱芜县（旧） 3
莱芜雪野风景名胜区 75
莱芜雪野旅游区 4
莱芜战役指挥所 77

lan

澜头 57

lang

郎郡 61

lao

老姑峪 48
老虎岭 69
老鸦峪 25

leng

冷家庄 45

li

犁铧尖子 69
李白杨 46
李家泉社区 12
里二十 40
里辛 52
里辛街道 15

lian

莲花池 58
莲花山 69
莲花山景区 76

liu

刘大下 42
刘家林 24
刘家庄 55
柳家店社区 12
柳龙崮 27
柳桥峪 58

long

龙山景区 76
龙潭东大街 64
龙潭西大街 63
龙亭峪 41

lu

卢家庄 32
鲁家庄 23
鲁西 33
鲁中东大街 63
鲁中国际小区 20
鲁中西大街 63
鹿鸣山 71
鹿野 39
鹿野乡（旧） 9
逯家岭 47

lü

吕花园社区 10
吕花园小区 18
吕家河 21
吕家楼 34
吕家峪 59
吕祖泉 38

ma

马鞍山林场 78
马村 45
马家峪 50
马咀山 70
马龙崮 25
马杓湾 49
马头崖 71

man

曼里 47
漫道 37

mei

梅家官庄 45

meng

蒙山坡子 70
孟花园社区 11
孟家官庄 46
孟家洼 30
孟家中荣 30
孟家庄 20

miao

苗山站 66
苗山镇 6

mo

墨埠 26
磨池岭 69
磨山子 26
磨石峪 36

mu

牟国故城遗址 77
牟汶河 68
木头山 58

nan

南白座 39
南埠子 60
南大顶子 70
南宫 33
南龙崮 26
南栾宫 38
南麻峪 50
南苗山 35
南山子后社区 12
南十里河 23
南十里铺 20
南通香峪 56
南魏庄 30
南文字 35
南下冶 57
南腰关 48
南冶 24
南冶镇（旧） 8
南朱家庄 52

niang

娘娘庙 38

niu

牛泉镇 6
牛王泉 72

ou

藕池 28

pan

潘家崖 47
盘龙河 68

pang

庞家庄 34

pei

培峪 60

peng

鹏泉东大街 65
鹏泉街道 5

po

坡草洼 22

pu

普通 49

qi

栖龙湾 28
亓毛埠 35
齐长城遗址莱芜段 75
棋山 72
棋山观 52
棋山国家森林公园 77

qian

前郭庄 46
前宋 26

qiao

乔店 60
乔店水库灌区 79
乔家义 33

qin

秦家洼 26

qing

青石关 50
青石桥 28
青杨行 21
青冶行 56

清泥沟 51
清馨园社区 11
清馨园小区 18

qiu

邱家屋 58

quan

圈里 54
劝礼 23

ren

仁和花园 19
任花园社区 10
任家洼 21
任家庄 22

sang

桑家庄 56
桑响泉 59

shan

山财大街 65
山东莱城工业园区 3

shang

上北港 57
上茶业 47
上佛羊 49
上海明珠花园 19
上河 59
上历山后 55
上马家泉 46
上迷马镇 48
上三山 59
上王庄 47
上游 38
上游镇（旧） 9

上宅科 48
尚家峪 55

shao

杓山前 36

shen

沈家岭 33

sheng

圣井 34
圣井乡（旧） 8
胜利北路 62
胜利南路 62

shi

石花园社区 10
石家岭 54
石家庄社区 10
石湾子 61
石屋子 40
史家崖 48

shuang

双龙峪 53
双泉 35
双山泉 47
双杨桥 52

shui

水北东街 42
水北西街 42
水河泉 72

shun

顺河社区 9

si

司家岭站 66

su

苏家庄 40

sun

孙故事社区 14
孙花园社区 11
孙家岭 53

ta

塔子 23

tai

台子 56
太平 28

tang

唐家宅 58

tao

桃花 28
桃花源社区 17
桃科 61
桃园 36

tian

天井峪 60
田庄 28

tie

铁车乡（旧） 16

tong

铜顶 71
铜山 36

tuan

团山 23
团山 69
团圆坡 61

wan

万福山 71
万福园社区 11

wang

汪洋台展览馆 74
王大下 42
王家港 57
王家楼 28
王老 38
王石门 40
王石门景区 76
王王石 30
王围子 42

wei

魏王许 42

wen

文化北路 64
文化南路 64
汶河大道 63
汶水南园 19
汶水山庄社区 17
汶阳遗址 75
汶源街道 15

wo

卧龙港 52
卧铺 46

wu

吴伯箫故居 74

吴花园社区 10
吴家洼 42
吴桥 35
五色崖 37

xi

西古德范 36
西关社区 9
西见马 37
西牛泉 33
西圈 46
西铁车 61
西汶南 22
西站里 39
西邹 22

xia

霞峰 56
下佛羊 50
下水河 29
下洼 49

xian

仙人桥 55
仙人山 69
贤女庙 52

xiang

香山 70
祥沟 34

xiao

肖马 51
小曹村社区 10
小故事社区 14
小楼 39
小山 26
小下 43
小冶 29

孝义楼 26

xin

辛兴东南 30
辛兴西北 30
辛兴西南 31
辛庄 58
辛庄河 73
辛庄镇 16
新东方华庭社区 12

xing

兴隆庄 26
幸福 55

xu

徐家店 59
徐家河社区 12
许家沟 20

xuan

旋崮 72

xue

雪野 39
雪野水库 78
雪野镇 7

ya

崖下 60

yan

颜庄 56
颜庄河 73
颜庄镇 16
验货台社区 17
燕家汶 43

yang

羊里 29
羊里镇 5
羊庄 23
阳光花园 19
杨家横 59
杨家横水库 78
杨家楼 54
杨庄 44
杨庄镇 7

yao

腰关乡（旧） 8

ye

野店 24
野虎沟 58
野槐峪 29
叶家庄 20

yin

尹家庄 44

ying

营房 44
嬴城遗址 74
嬴牟西大街 62
嬴汶河 68

yong

永兴路 67
永兴园 50

yu

御花园 18
御驾泉 20
御龙湾小区 51

yuan

原山路 66

yun

云台山 70

zao

造甲峪 40

zhai

寨里东村 43

寨里南村 43

寨里西村 41

寨里镇 7

寨子 51

寨子乡（旧） 16

zhang

张家泉 44

张家台 49

张家洼 20

张家洼街道 4

张家庄 41

张里街 44

zhao

照嘴 41

zhen

镇武庙 44

zheng

郑王庄 53

zhong

中和 27

zhou

周家洼 43

zhu

竹园子 40

zhuang

状元沟 57

zou

邹家埠 27